Susanne Wiborg

Von Kümmel, Giersch und Türkenbund

Susanne Wiborg

Von Kümmel, Giersch und Türkenbund

Geschichten aus dem Garten

Inhalt

Koniferen-Blues... 7
Charme aus Gebirge und Steppe: Wildtulpen 11
Am liebsten mit Nachtigall: Leberblümchen 19
Kaiserliche Wildlinge 23
Elegante Egozentrik: Narzissen 27
Schädling auf kräftigen Pfoten oder Gärtners bester Freund? 33
Rehabilitiert die Weigelie! 37
Vom diskreten Charme der Unterirdischen 41
Karierte Eleganz: Schachblume............................ 45
Paradies mit Skorpion: Der Garten meines Großvaters 51
Von Alfreds Verwandtschaft: Gärtnern für Grasfrösche........ 55
Das Haus von Dornröschen, oder: Sado-Maso im Garten 59
Kastanienhof, oder: Abgesang auf unsere Mohnwiese 65
Zufallsrosen, oder: Liebenswürdige Unbekannte 69
Schaut, wer kommt da um die Ecke 73
Meine Lieblingsfeindin: Rapunzel in blauer Robe 77
Von Kümmel, oder: Wem mein Garten wirklich gehört 81
Himmelblaue Frühaufsteherin: Wegwarte 85
Hast du nicht Lust, meine Nachtkerzen-Show anzusehen? 89
Dominantes Doldengewächs: Giersch 93
Star ohne Allüren, oder: Tropenglanz im Dauerregen 97
»Triffid«, das Monster im Kübel 101
Evolution in Action, oder: Darwin für Gärtner 105
Wilmas Wunder 109
Zweite Chance: Solo-Auftritt im Winter 114
Alle Jahre wieder 119

Koniferen-Blues

Die Saison begann Anfang Januar, und sie begann mit einem fürchterlichen Knall im Hof. Dort offenbarte sich ein bemerkenswertes Bild: Der Besitzer des Nachbarhauses balancierte hoch auf einer Leiter, die an den Stamm seiner großen Birke gelehnt war. Einer jener Birken, deren kecke, luftige Schöpfe seiner düsteren Tannenreihe wenigstens einen Teil ihrer erdrückenden Melancholie genommen hatten. Diese Bäume köpfte er nun, und das auf sehr preiswerte Weise: Er ließ die schweren Kronenstücke einfach auf das frisch gedeckte, durchsichtige Flachdach meines Schuppens donnern. Als ich entsetzt in den Schuppen stürzte, knallte es wieder, direkt über meinem Kopf. Teile der inneren Dachbefestigung flogen mir buchstäblich um die Ohren. Lärmgeschockt schaffte ich es gerade noch, draußen die nicht ganz freundliche Frage hervorzukrächzen, was zum Teufel eigentlich vorgehe? Die Antwort aus luftiger Höhe kam prompt: »Das hab' ich mir gedacht, dass Sie hier schon wieder was zu meckern haben!«

Das »schon wieder« bezog sich auf ein unerfreuliches Intermezzo im Sommer, in dem er sich einer großen Tanne kurzerhand dadurch entledigt hatte, dass er sie unten abgesägt und meinen Holzzaun samt Apfelbaum und blühendem Geißblatt als kostengünstige Knautschzone benutzt hatte. Auf die folgende, nicht von großer Herzlichkeit getragene Konversation gehe ich besser nicht ein.

Ich hätte es eigentlich wissen müssen. Allwinterlich werden einige meiner sonst so biederen Nachbarn von einer Art Zerstörungsrausch heimgesucht. Normalerweise kündigt sich das aber vorher deutlich an: mit dem Unheil verheißenden Aufheulen einer Kettensäge im ersten Morgengrauen. Unwillkürlich muss ich jedes Mal an ein Armesünderglöckchen denken, das zur Hinrichtung ruft. Diese Saison war es besonders schlimm: Neben den geköpften Birken fiel der dreistämmige Hochstamm-Apfelbaum, der meinen Garten gegen Sturm und hässliche Garagenhöfe gleichermaßen freundlich abgeschirmt hatte. Sein Besitzer zuckte nur die Achseln: Das ganze Laub immer ... und dieses lästige Fallobst ... Jetzt würde er endlich auch eine ordentliche Koniferenhecke pflanzen, genau wie die Nachbarn. Nächstes Jahr wäre dann der Rest der Laubbäume dran. Ermutigende Aussichten.

Ich muss einfach zu viele Gartenbücher gelesen und zu viele romantische Bilder gesehen haben. Jedenfalls dachte ich früher, dass die meisten Gärtner ebenso glücklich wären wie ich, schöne Bäume auf dem Grundstück zu haben. Jedoch: Die Realität sieht, zumindest hier, anders aus. Kaum jemals erwischt es eine der finsteren Tannen, die trübselig, überdimensioniert und deshalb oft furchtbar verstutzt die kleinen Grundstücke beschatten. Stattdessen wird entsorgt, was immer Laub trägt, vor allem die großen Obstbäume. Darunter ein Birnen-Solitär, so alt, so mächtig und so prächtig, dass selbst unsere lückenhafte Baumschutzsatzung verbot, ihn einem Bauvorhaben zu opfern. Er bekam eine Anstandsfrist, dann musste er sterben. Der Grund? Der Baum sei krank und damit eine akute Gefahr gewesen, erklärte mir einer der Forstarbeiter augenzwinkernd und zeigte auf eine winzige, kaum erkennbare Braunfärbung an einem einzigen Astansatz. »Manchmal«, setzte er dann achselzuckend und mit einem Blick auf den makellos hellgolden schimmernden Querschnitt des gefällten Riesen hinzu, »verstehen wir die Leute auch nicht...«

Das geht mir genauso. Vor allem dann, wenn ich sehe, was als Ersatz gepflanzt wird: Praktisches vom Meter, vorzugsweise Thuja oder Blauzypresse, je dunkler und dichter, desto besser. Ich hasse beide. Vielmehr: Ich verabscheue die Intensivhaltung von Koniferen, die Art, wie hilflose Pflanzen dazu missbraucht werden, stramm angetreten und die Reihen fest geschlossen, als pflegefreie Finsterlinge ganze Viertel zu verunzieren. Als Solitär, in passender Umgebung und mit Luft zum Atmen, können Thuja & Co ihre düstere Würde und ihre aparte Silhouette ebenso dekorativ wie angemessen zur Schau tragen. Auch auf Friedhöfen sind sie sozusagen artgerecht untergebracht: Hier ist die akut depressionsfördernde Wirkung von borstigem Staubgrün en masse sicher nicht ganz unerwünscht.

Unsere kleine Straße jedoch, vor nicht langer Zeit eine ländlichfröhliche Lebensgemeinschaft aus Birken, Linden, Flieder und alten Obstbäumen, könnte, wenn der Trend anhält und die Koniferen wachsen, in einigen Jahren den Charme eines Low-Budget-Beerdigungsinstituts angenommen haben. Gemessen an der Ausstrahlung einer Überdosis Thuja oder Zypresse sind etwa große Tannen in winzigen Gärten oder reihenweise Lorbeerkirsche geradezu ein optischer und ökologischer Hochgenuss: In den Tannen leben zumindest einige Tiere, und Lorbeerkirschen haben den Anstand, sich gelegentlich mit Blüten zu schmücken. Dagegen ist die monotone und morbide Tristesse meterhoher, endloser, möglichst noch struppig-braun geschorener Koniferenmauern höchstens unter einer dicken Neuschneedecke halbwegs zu ertragen – und wann haben wir die schon? Ich weiß natürlich um die Symbolik immergrüner Pflanzen, dennoch frage ich mich oft, welcher Zyniker eigentlich auf die Idee gekommen ist, die hochgiftige, den meisten Nachbarpflanzen mit phenolhaltigen Wurzelausscheidungen brutal zusetzende Thuja auch noch ausgerechnet »Lebensbaum« zu taufen. Die Fans ordentlicher und übersichtlicher Gartengestaltung allerdings rechnen ihren Grenzposten diese aggressive Revierverteidigung hoch an: Darunter wächst kein Unkraut mehr! Da lebt leider auch sonst nicht mehr viel, und die neu gepflanzte Killer-Hecke der Nachbarn hat etwa den prächtigen alten Rosenstrauch meines Vaters binnen kurzem zur Strecke gebracht.

Der Vormarsch der militanten Finsterlinge scheint unaufhaltsam, und allmählich komme ich mir vor wie jenes legendäre kleine gallische Dorf: Ganz Deutschland ist von Thuja und Blauer Säulenzypresse besetzt... Ganz Deutschland? Nein! Meine 430 Quadratmeter bleiben koniferenfreie Zone, verteidigt von Heckenrosen. Und auch andere unbeugsame Gärtner werden nicht aufhören, den Eindringlingen Widerstand zu leisten. Schon werden diskret Anti-Thuja-Tipps ausgetauscht, und Mut machen von nachbarschaftlichem Nadelwahn Bedrängten Erfolgsgeschichten wie jene des wackeren alten Achtundsechzigers, der sein ererbtes »Dunkelbiotop« – und danach die Nachbargärten – in Rekordzeit befreite: Vor einem Greifzug mit 20 Tonnen Zugkraft kapitulierten sogar himmelhohe Koniferen-Wälle. Licht und Luft, Obstbäume und Vögel kehrten ins Viertel zurück. Von solchen Pionieren lernen, heißt siegen lernen! Gibt es doch noch Hoffnung für Flieder und Apfelbaum?

Charme aus Gebirge und Steppe: Wildtulpen

Ihr Siegeszug war unvergleichlich, ihre Popularität ist ungebrochen – und dennoch hat der Triumph der Tulpe auch seine Nachteile gehabt. Auf dem Weg vom Gebirge ins Gartencenter, von der Steppe in den Stadtpark ist Gärtners Liebling ein großer Teil des ursprünglichen Charmes abhanden gekommen. Bunt und grell blühen viele der riesigen Hybriden, plump sind die einstigen Grazien geworden - und die ursprüngliche Robustheit haben sie auch verloren. Selbst dann, wenn die Zwiebeln nach der Blüte mühsam aufgehoben und über Sommer getrocknet werden, neigen veredelte Tulpen dazu, sich schon nach einer einzigen Saison endgültig zu verabschieden. Was viele Gartenbesitzer nicht einmal stört: Es gibt ja billig Ersatz. Die Tulpe ist zur Massenware geworden, zum Wegwerfartikel degeneriert – ein klägliches Schicksal für eine einstmals exklusive, vielbewunderte Wappenblume morgenländischer Herrscher.

Ein Schicksal auch, das die Tulpen nicht verdient haben - jedenfalls nicht alle. Es gibt ja immer noch die zahlreiche wilde Verwandtschaft der dicken Vorgartenzierde. Deren Anmut und strahlende Blütensterne lassen ahnen, warum das Liliengewächs aus Asien Europas Gärten im Sturm eroberte. Schon in den Ursprungsformen zeigt sich, was die einmalige Karriere ermöglichte: die Variationsbreite, ihre fröhliche Neigung zu Veränderungen jeder Art. Die Blüten, üppig oder anemonenzart, tragen die klassischen Tulpen-Grundfarben Weiß, Gelb und Rot in allen Nuancen und Mischungen, dazu Markierungen in schwarzen, grauen, grünen und sogar stahlblauen Tönen. Auch die Blätter präsentieren sich unterschiedlich: schmal oder breit, glatt oder gewellt, dunkel gemustert oder bläulich bereift - es gibt nahezu nichts, was eine Wildtulpe nicht bieten könnte. Der Artenreichtum der zarten Verwandlungskünstlerinnen sorgte denn auch unter Botanikern für einige Verwirrung.

Die Kleinen haben ihren großen Nachkommen eines allemal voraus: sie verbinden ihr elegantes Aussehen mit pflegeleichter Robustheit. Einmal am richtigen Standort angesiedelt, verwildern viele sogar willig, das heißt, sie erobern das Terrain ohne weitere Hilfe, vermehren sich und erscheinen Jahr für Jahr zahlreicher - oft ein ganzes Gärtnerleben lang.

Die wohl populärste und markanteste unter ihnen ist die aufrechte, schmale Damentulpe, *Tulipa clusiana*, rotweiß oder als var. *chrysantha* rotgelb blühend. Die adrette Pflanze, die irgendwie diszipliniert und ebenso niedlich wie selbstbewusst wirkt, hat allen Grund zum Stolz: Sie verkörpert viereinhalb Jahrhunderte europäischer Tulpengeschichte. Getauft nämlich ist die Damentulpe nach einem Herrn, nach dem flämischen Botaniker Carolus Clusius. Er war es, der als Leiter der kaiserlichen Gärten in Wien erstmals Zwiebeln kultivierte, die ein Habsburger Gesandter 1554 vom Hofe Sultan Sulimans des Prächtigen aus Konstantinopel mitbrachte. In der Türkei waren Tulpen schon seit gut einem halben Jahrhundert hoch geschätzt und in verschiedenen Arten in Kultur. Nun wurden sie in Europa populär wie nie eine Pflanze vor oder nach ihnen. 1593, als Clusius an die

Universität Leiden berufen wurde, nahm er seine Tulpensammlung mit und löste damit in den Niederlanden das Tulpenfieber aus, die Sammelwut und die exzessive Spekulation mit den teuren Zwiebeln. Es war der Beginn eines buchstäblich blühenden Wirtschaftszweiges. Heute werden in Holland jährlich über zwei Milliarden Tulpenzwiebeln kultiviert.

Dank ihrer Fruchtbarkeit müssen Wildtulpen so gut wie nie mehr aus Naturbeständen entnommen werden. Eine Ausnahme könnte höchstens noch die rotweiße Stammform der Damentulpe bilden. Sie wurde bis Anfang der neunziger Jahre gelegentlich in Griechenland gesammelt, wo sie schon lange als eingebürgert gilt. Heute wird sie auch dort angebaut. Im Zweifelsfalle sollte man sich nach ihrer Herkunft lieber erkundigen, um *Tulipa clusiana* ruhigen Gewissens in den eigenen Garten einladen zu können. Den deutschen Namen »Damentulpe« übrigens führt sie, ebenso wie das englische „Lady's tulip", schon seit Clusius' Zeiten. So haltbar sie – einmal eingewöhnt – ist, so launisch kann sie sich nach einem Umzug benehmen: Manchmal bildet sie an einem neuen Standort zunächst nur Blätter und unterirdische Sprosse.

Tulipa tarda dagegen, die robuste mit vier bis fünf gelbweißen Blüten an einem Stängel (siehe Foto), kennt keine Launen und ist so leicht zu vermehren, dass ihre Zwiebeln ganz sicher nicht aus Wildentnahmen stammen. Sie enttäuscht, wenn sie nur genug Sonne bekommt, auch Garten-Anfänger so gut wie nie und ist leicht zu beschaffen. In ihrer Ursprungsheimat Zentralasien lebt sie gern an steinigen, felsigen Hängen und wird dort, ebenso wie im Steingarten, nur etwa 10 cm hoch. Unter ungünstigeren Bedingungen, in weniger sonnigen Lagen, werden die Stängel deutlich länger und liegen dann bei Feuchtigkeit gerne flach - um dennoch bei jedem Sonnenstrahl sofort wieder die leuchtenden Blüten zu öffnen. Diese längeren Stängel, leicht überhängend, sehen in einer Vase wunderschön aus und halten sich dort, wie auch die Blüten draußen, relativ lange. Ihr zarter, süßer Duft kann ein ganzes Zimmer füllen. Die Samenstände sehen aus wie grünschwarze asiatische Lackarbeiten und sind ein Geheimtipp, wenn es darum geht, einem »gewöhnlichen« kleinen Blumenstrauß, etwa einem Mitbringsel aus dem Garten, schnell eine ganz individuelle Note zu geben.

Tulipa sylvestris, einfarbig goldgelb blühend und etwa 30 cm hoch, lässt den aristokratischen Habitus einiger Kolleginnen etwas vermissen. Dafür ist sie aber von einer Robustheit und Vermehrungsfreude, die in der Tulpenfamilie ihresgleichen sucht. Ihre Ursprungsheimat ist unbekannt, und streng genommen ist sie auch keine ganz echte Wildtulpe mehr. Ihr gegenüber der Stammform *Tulipa australis* erhöhter Chromosomensatz zeigt, dass sie schon in gärtnerischer Obhut gewesen sein muss, bevor sich die Freiheit gewissermaßen zurückeroberte. Das tat sie derart erfolgreich, dass sie heute in nahezu ganz Europa, Westanatolien, Nordafrika, Zentralasien und sogar Sibirien als einheimische Wildpflanze gilt.

Möglich wurden die Eroberungen dieser Überlebenskünstlerin zum einen dadurch, dass sie, was die Standortbedingungen angeht, toleranter ist als viele Schwestern. Zum anderen vermehren sich Tulpen nicht nur generativ, das heißt über Samen, sondern auch vegetativ über Brutzwiebeln. Diese Brutzwiebeln nun werden bei vielen Wildtulpen nicht direkt neben der Mutterzwiebel, sondern an den Enden von Ausläufern, sogenannten Stolonen, gebildet. Mit diesem für Zwiebelpflanzen ungewöhnlichen Trick können sie auch größere Flächen schnell besiedeln, und kaum eine Tulpe treibt derart üppig und kräftig Stolonen wie *Tulipa sylvestris*.

So nutzt sie jede Chance, sich auch zunächst ungünstige Standorte passend zu machen und dort sehr lange zu überdauern. Willkommen ist sie nicht überall. In südlichen Weingärten sah man sie eher als Unkraut an. Im weniger blütenverwöhnten Norden dagegen wird ihr fröhliches goldgelbes Leuchten nach einem grauen Winter hoch geschätzt. In Großbritannien etwa entkam die vitale Gelbe bald aus Gärten und siedelte sich im Freiland an. Überdauern kann sie aber nur dort, wo das Land schon einmal bearbeitet war. Auf einigen Wiesen lebt sie nun, unauffällig mit ihren grasähnlich langen und dünnen Blättern, sozusagen inkognito, um nach heißen Sommern im darauf folgenden Frühjahr üppig zu blühen.

In alten Bauerngärten schlüpft sie unter Wegen durch, zieht sich bis unter Spatentiefe zurück und hält sich solchermaßen ungestört über Generationen. Bestände von *Tulipa sylvstris* können sehr alt werden. Ein Vorkommen am Elbhang in Hamburg soll zum Beispiel ursprünglich aus dem Garten des Bankiers Salomon Heine stammen. Der Onkel des Dichters Heinrich Heine, ebenso wohlhabend wie gartenbegeistert, starb anno 1844.

Weitaus spektakulärer als die schlanke Erscheinung von *Tulipa sylvestris* ist der relativ späte Auftritt der opulenten *Tulipa eichleri*. Die erscheint Mitte April, und sie ist rundum ein Blickfang. Mit bis zu 40 Zentimetern ist diese prachtvolle Zentralasiatin relativ groß, und die strahlend scharlachroten, weit geöffneten glockenförmigen Blüten können sich mit denen der domestizierten Verwandtschaft allemal messen. Doch sie brilliert zusätzlich noch mit auffallendem Laub: Ihre Blätter sind breit, blaugrün, gewellt und mit einem dunklen Tigermuster verziert.

Wesentlich zarter ist die nur etwa 10 cm kleine *Tulipa humilis*. Auch ihr schmales Laub ist leicht blaugrün bereift, doch die Blüte erinnert eher an einen Krokus als an eine Gartentulpe. *Tulipa humilis*, die im März blüht, ist eine der veränderlichsten ihrer Gattung. Die Blütenfarbe variiert je nach Wildstandort von Rosa über Karmesin bis Purpur. Ein besonders exquisites Juwel ist die Sorte »Alba Coeruela Oculata«: Ihre sternförmige Blüte schimmert weiß mit stahlblauer Mitte. Doch trotz des fragilen Aussehens ist *Tulipa humilis* recht robust und verwildert leicht.

Leicht zu ziehen ist auch *Tulipa kolpakowskiana* aus Zentralasien, 20 cm hoch, Blütezeit April bis Mai. Sie bildet oft mehrere Stängel und leistet sich eine kleine Extravaganz, die an Fritillarien erinnert: Ihre Knospen hängen zunächst herunter, erst die zugespitzte Blüte, gelb, außen rosa oder grünlich angehaucht, richtet sich nach normaler Tulpensitte auf.

Sehr dankbar und daher in Gärten verbreitet ist die 35 cm hohe, gedrungen wirkende *Tulipa praestans* 'Tubergen's Variety', getauft nach der Firma, die sie kurz vor dem Ersten Weltkrieg in den Handel gebracht hat. Sie ist einheitlich orange-scharlachrot, groß- und mehrblütig und erscheint im April.

Tulipa turkestanica dagegen hält sich, was die Blütenfarbe angeht, dezent zurück. Dafür tragen die zierlichen Stängel der besonders grazilen Pflanze bis zu acht Knospen. Ihre elfenbeinweißen, grüngelb markierten Sterne mit dem rotem Grundfleck öffnen sich sehr früh, manchmal schon im Februar. Sie ist um die 10-20 cm klein, und ihre schmalen Blätter sind länger als der Blütenstand. Tulipa turkestanica wird, im Gegensatz zu vielen anderen Arten, ein eher abstoßender Geruch nachgesagt.

Auch wenn die kleinen Tulpen als pflegeleicht gelten, so verlangen sie natürlich, wie alle Gartenpflanzen, Umsicht und einen gewissen Service. Das fängt schon beim Kauf an: Im Gartencenter an der Ecke ist die Auswahl an Wildtulpen normalerweise nicht besonders groß. Mehr bietet da schon der Versandhandel – aber Vorsicht: Hier ist das billigste Angebot nicht immer das beste. Am sichersten erwirbt man seine Zwiebeln, vor allem, wenn man seltene Sorten sucht, bei einem Spezialisten, der auch gleich über die Herkunft der Ware Auskunft geben kann.

Tulpenzwiebeln sind, geschützt durch eine dicke äußere Haut, die Tunika, nicht so verderblich wie etwa Lilien oder Fritillarien. Dennoch sollte man sie, wo das möglich ist, vor dem Kauf genau prüfen. Die Zwiebeln müssen so frisch und fest wie möglich sein, prall und schwer bei unverletzter und glatter Tunika. Farbveränderungen und vor allem Fäulnis weisen auf Krankheiten hin: ein sklerotischer Ausschlag am Zwiebelhals etwa auf das gefürchtete Tulpenfeuer. Schimmel, auch wenn er sich äußerlich abwischen lässt, bedeutet ebenfalls oft das Ende aller Gärtnerfreuden: Der Pilz hat seine Sporen meist schon im Innern der Zwiebel und kann sie, vor allem bei Feuchtigkeit, unangenehm rasch in schmierigen Matsch verwandeln. Darum sollte man das schrumpelige, muffig riechende Sonderangebot sehr, sehr kritisch betrachten und Blumenzwiebeln generell nach dem Kauf nicht mehr lange liegen lassen. Es lohnt sich auch, große Exemplare auszusuchen, kleinere blühen, ebenso wie Brutzwiebeln, oft im ersten Jahr nicht.

Der Standort sollte ebenso mit Bedacht gewählt werden. Wer etwa seine Tulpen kurzerhand in nassem Moorboden, unbearbeitetem Lehm oder tiefem Schatten begräbt, kann mit keinerlei Dankbarkeit rechnen. Wildtulpen leben vorwiegend an Gebirgshängen oder in Steppen. Sie lieben Sonne und durchlässigen, auch schwach kalkhaltigen Boden. In Steingärten gedeihen sie besonders gut, aber doch ganz so perfekt muss es nicht immer sein. Vor allem *Tulipa tarda*, *sylvestris* oder *praestans* sind durchaus zu Konzessionen bereit, doch selbst ihr Entgegenkommen hat Grenzen. Zu viel Nässe hassen alle, ein feuchtes Frühjahr hindert einige Arten an der Blüte, Staunässe tötet. Am besten gedeihen Wildtulpen, ebenso wie ihre domstizierten Verwandten, bei sommerlicher Trockenheit, in der die Zwiebeln voll ausreifen können.

Gepflanzt werden sie im Herbst, etwa zwei- bis dreimal so tief, wie die Zwiebel dick ist. Kompost, Urgesteinsmehl und ein wenig Knochenmehl geben Starthilfe. Wenn auch Vita Sackville-West die Damentulpe mit einer »Liliputanerarmee, die ihre Frühjahrsmanöver abhält«, verglich – bitte niemals in militärischer Ordnung, sondern immer aufgelockert pflanzen! Es muss ja nicht gleich die Methode des britischen Gartenschriftstellers Beverley Nicols sein, der riet, Zwiebeln auf ein Tablett zu häufen und es dann hoch in die Luft zu werfen. Man kann auch eine Hand voll Zwiebeln einfach zu Boden fallen lassen und an Ort und Stelle einpflanzen. Besonders akribische Gärtner mögen auch einen Wildstandort nachempfinden: eine etwas dichtere Gruppe als Zentrum und rundum eine Randzone mit größeren Abständen. Doch wenn sie sich wohl fühlen, schaffen die Neuankömmlinge ein derart natürliches Bild irgendwann auch von alleine – vorausgesetzt, ihr Laub darf alljährlich in Ruhe einziehen und fällt nicht etwa der Schere zum Opfer.

Ein wenig Geduld ist auch unter den günstigsten Umständen vonnöten, bis eine Kolonie tatsächlich großflächig verwildert, das heißt, bis sie sich über Samen und nicht nur über Brutzwiebeln verbreitet. Die Samen fast aller Wildtulpen keimen erst im zweiten Jahr nach der Aussaat, und das eine, nadelfeine Keimblatt ist leicht mit einem Grashalm zu verwechseln – also Vorsicht beim Rasenmähen!

Wenn der Platz knapp ist, machen auch schon einige wenige Exemplare oder eine kleine Sammlung viel Frühlingsfreude. Doch ganz ungefährlich ist es nicht, sich mit der attraktiven Asiatin anzufreunden. Dem Ausprobieren, Sammeln, vielleicht sogar Vermehren sind dann nämlich kaum noch Grenzen gesetzt. Wer einmal dem grazilen Charme kleinen Wilden erlegen ist, kann sich da schnell eine ebenso hartnäckige wie vergnügliche Infektion zuziehen. Sie hat schon einmal heftig grassiert, und man nennt sie das »Tulpenfieber« ...

Am liebsten mit Nachtigall: Leberblümchen

Anfang März war es spätestens soweit. Da hatten unsere Familien-Waldspaziergänge nur noch ein Ziel: diesen sonnigen Hügel mit dem Sandstein Untergrund und den alten Buchen. Dort streiften wir, mitunter rutschend auf dem seifenglatten Lehm, kreuz und quer, die Augen fest auf den Boden gerichtet, auf der Spur einer Beute, für die unser Vater stolze fünfzig Pfennige Prämie ausgesetzt hatte. Leider war er selbst sehr ehrgeizig und somit ein durchaus ernstzunehmender Konkurrent, während meinem kleinen Bruder der Sinn für die Bedeutung dieses Rituals doch noch ein wenig abging. Er zerschmetterte lieber morsche Stöcke an Baumstämmen. Mich dagegen hielten Vorfreude und Jagdfieber völlig im Bann. Irgendwann musste es einfach da sein – und irgendwann war es auch da: dieses klitzekleine violettblaue Schimmern zwischen all dem braunen Vorjahrslaub. Das erste Leberblümchen! Wir trugen die winzige Blüte triumphierend nach Hause und stellten sie in einem Eierbecher auf den Esstisch. Jetzt gab es kein Zurück mehr. Jetzt war Frühling!

Heute würde ich sie eher stehen lassen, denn vorbei sind die Zeiten des Biedermeier, als das Blümchen, in bescheiden-sittsamer Niedlichkeit eine Lieblingsblume im Zeitalter der Reifröcke und der Romantik, noch reichlich gedieh. So reichlich, dass der Königliche Hannoversche Hofrath Meyer von dieser »lieblichen Verkündigerin des neu beginnenden Blumenschmuckes der Erde« 1849 ganz praktisch anmerkte: »In Frühjahrskränzen den Städtern willkommen«. Immerhin erfreuten sich auch »unsere« Leberblümchenstauden über viele Jahre buchstäblich blühender Gesundheit, exakt so lange, bis ihr Waldstück mit schweren Maschinen bearbeitet wurde. Danach waren sie verschwunden, für immer. Aber der Frühling, oder besser: das neue Gartenjahr, beginnt für mich nicht mit den Schneeglöckchen. Es beginnt mit dem ersten Leberblümchen.

So muss ich dem biedermeierlichen Herrn Hofrath recht geben: In jeden »Bügergarten« gehört, neben andere kleinen Frühjahrsblühern, unbedingt *Hepatica*. Als zugegebenermaßen unzureichenden Ersatz für das hofräthlich außerdem dringend empfohlene »Nachtigallengebüsch« entschied ich mich in meinem Garten für einen Platz unter einer großen Deutzie, um die kleine blaue Anemonenverwandte gut aus dem Wohnzimmerfenster sehen zu können. Doch ob nun ruppig revierverteidigende Rotkehlchen keine betörenden Nachtigallen ersetzten, ob es an zu wenig Feuchtigkeit oder schlicht daran lag, dass eine Fünfziger-Jahre-Deutzie eben kein Ersatz für echtes Biedermeier ist – der Kleinen passte das Ambiente nicht, und daraus machte sie keinen Hehl. Statt zu blühen, verbreitete sie mit ein paar mickrigen Blättern jene unübersehbare Aura von Missmut, die fehlplazierte Pflanzen so deutlich ausstrahlen können. So beeilte ich mich, meinen Fehler wiedergutzumachen und quartierte sie, weitaus passender, an den feuchten, schattigen Rand eines wilden Flieder- und Blutjohannisbeerengestrüpps um, zusammen mit Märzenbechern und Himmelsschlüsselchen. Das entsprach schon eher ihrem Geschmack. Zusätzlich aufgemuntert durch eine Kopfdüngung aus kalkigem Kompost lebte sie sich endlich ein und begann zu blühen, jedes Frühjahr üppiger. Offenbar mögen Leberblümchen, ähnlich wie Christrosen, keine Veränderung und brauchen Zeit, um sich mit einem neuen Standort anzufreunden.

Nach einem nassen und sehr warmen Januar öffneten sich die ersten eingerollten Blüten schon am 9. Februar, doch meist warten sie bis März. Botanisch streng genommen ist die sechsblättrige Blüte übrigens überhaupt keine, sondern ein Kranz blumenblattartig umgewandelter Kelchblätter, die in kurzer Zeit auf das Doppelte ihrer Ursprungslänge wachsen. Die nektar- und duftlose Blüte öffnet sich bei jedem Sonnenstrahl und rollt sich am Abend wieder ein, doch bleiben in einem zu kalten Frühjahr die Insekten aus, greift *Hepatica* pragmatisch zur Selbstbestäubung. Ohnehin ist die kleine Pflanze außerordentlich widerstandsfähig, andernfalls hätte sie wohl kaum seit dem Tertiär, seit bis zu 65 Millionen Jahren also, sowohl in Europa als auch in Nordamerika und Ostasien, überlebt. Damit zählt sie zu unseren ältesten einheimischen Pflanzenarten überhaupt.

Auch gegen erneute Wintereinbrüche ist die Überlebenskünstlerin *en miniature* bestens gewappnet: Die Unterseiten ihrer ledrigen, herzförmig-dreilappigen Blätter sind dunkelviolett gefärbt, und zwar mit einem Farbstoff, der Licht in Wärme umwandeln kann. Schnee strahlt verhältnismäßig viel Licht ab oder lässt es durchscheinen, sodass sich die Pflanze mit seiner Hilfe wirkungsvoll gegen Erfrieren schützen kann. Auch die Blüten überstehen Wetterunbilden jeder Art lange unversehrt, notfalls eingerollt an Boden liegend. *Hepatica* hat es mir nach ihrem Februar-Frühstart eindrucksvoll vorgeführt: Gut zehn Zentimeter Nassschnee, danach erst Frost und dann Dauerregen plus Rekord-Orkan töteten die Elfenkrokusse und ließen selbst die Schneeglöckchen etwas verstört aus der gefledderten Glocke schauen. Das Leberblümchen dagegen zog sich rechtzeitig zurück und leuchtete dann wieder hoch aufgerichtet, ungerührt und unversehrt auch noch in den winzigsten Sonnenstrahl. Auch die Zeit danach weiß die Kleine bestens zu nutzen: Anders als andere Frühlingsblumen, etwa die verwandten Anemonen, zieht *Hepatica* nicht früh ein. Ihr oberseits dunkelgrünes Laub, dessen Neuaustrieb nach der Blüte beginnt, bleibt bis in den Sommer, oft sogar über Winter in üppigen, glänzenden Schöpfen stehen.

Die Samen sollen von Ameisen verbreitet werden, doch Sämlinge habe ich bei mir bisher leider noch nicht entdeckt. Nach der Blüte müßte man die Pflanze teilen können, und ein fast hundert Jahre altes Gartenbuch empfiehlt das Leberblümchen, »im Herbste eingetopft«, als ausgezeichnet zum winterlichen Treiben. Ein Versuch wäre vielleicht reizvoll, aber ich wage ihn einfach nicht. Ich mag mein kleines blaues Frühjahrwunder nicht aufs Spiel setzten. *Hepatica* hat sich hier derart reserviert gegenüber jeder Veränderung gezeigt, dass sie wohl tatsächlich eine typische Vertreterin des Biedermeier ist, jener Epoche, in der bekanntlich Ruhe als die erste Bürgerpflicht galt. Wer weiß also, wie sie auf ein derartiges Ansinnen reagieren würde? Die liebenswürdige Gesellschaft der zähen kleinen Schönheit will ich mir keineswegs leichtfertig verscherzen. Zumal ich hier leider keine Nachtigall auftreiben würde, um sie notfalls wieder gnädig zu stimmen.

Kaiserliche Wildlinge

Zurückhaltung ist ihre Sache nicht. Wenn im Herbst das Blumenzwiebel-Paket ankommt, grüßt ihr typischer Geruch bereits aus dem Postauto. Diese unverkennbare Mischung aus Knoblauch und schlecht geputztem Raubtierkäfig lässt keinen Zweifel: *Fritillaria imperialis*, Ihre Majestät, die Kaiserkrone, wünschen prompten Service! Den bekommt sie auch: Ich grabe die dicken Zwiebeln sofort ein – einfach, weil ich sie nicht riechen kann. Eine geniale Taktik! Kaum eine Pflanze kann die Dienstleistungen ihres Gärtners so deutlich einfordern wie dieses stämmige Liliengewächs. Es hat übrigens recht: Fritillarien vertragen kein langes Lagern, denn ihren Zwiebeln fehlt eine schützende Außenhaut.

Natürlich stellen Majestät standesgemäß auch sonst noch einige Ansprüche: »Schöner Wohnen« heißt die Devise, das bedeutet: frischer, nahrhafter, keinesfalls staunasser Boden. Viel Sonne im Frühjahr, und im Sommer, zur Zwiebelruhe, Trockenheit. Außerdem frisst das bis zu einem Meter hohe Prachtstück ganz unmajestätisch hemmungslos, trockener Rinderdung zum Kompost und organischer Volldünger dürfen reichlich serviert werden, in der Austriebsphase schätzt sie auch flüssige Nahrung. Gut gefüttert neigen Kaiserkronen weniger dazu, »blind« aufzugehen, das heißt, Stängel ohne Blüten zu treiben. Ganz vermeiden lässt sich das nie, sie tun es auch am Wildstandort. Am besten stehen sie deshalb in Gruppen, so blühen immer einige, und es stört weniger, wenn andere ihre jährliche Auszeit nehmen.

Nach erledigter Repräsentationspflicht wüscht die Souveränin ungestört zu ruhen, und das gleich im doppelten Sinne: Ihre Horste können, gut versorgt und ab und zu geteilt, ewig am gleichen Platz ausharren. Und, wie alle Zwiebelpflanzen, müssen sie ihr Laub ungestört einziehen dürfen. Das ist ziemlich lästig: Die riesigen, zottigen, gelben Stängel halten lange und sind schwer zu verstecken. Zitronenmelisse, Storchschnabel und andere Wucherer als Hofstaat können da sehr hilfreich sein. Die ob ihres Expansionsdranges sonst manchmal lästige Melisse leistet besonders gute Dienste: Sie nimmt es nicht einmal übel, wenn man sie im Hochsommer zusammen mit den vertrockneten Kaiserkronen-Stängeln abschneidet.

Die Hoheit bedarf auch eines aufmerksamen Bodyguards: Attentäter lauern überall! Die Nacktschnecken müssen in Grenzen gehalten werden, und erst recht das Lilienhähnchen, ein kleiner, lackroter, ebenso schöner wie gefräßiger Käfer, der, zusammen mit seinen schmierigen, unersättlichen Larven, selbst eine stattliche Kaiserkrone schnell in einen armseligen Strunk verwandeln kann. Auch die Wühlmäuse wissen die appetitlichen, drallen Majestäten durchaus zu schätzen. Von der vielzitierten Abwehrwirkung keine Spur: Ein Bekannter, der seinen feldnahen Garten mit einer Doppelreihe Kaiserkronen umgab, verlor sie alle. Die Wühlmäuse verputzen die Zwiebeln mit Stumpf und Stiel, sozusagen als besonders würzige Antipasti, noch bevor sie sich über seine Obstbäume hermachten.

Aber aller Aufwand lohnt sich, schon für den besonderen Augenblick sehr früh im Jahr, in dem die dicken rötlichen Triebe selbstbewusst aus der Erde kommen, für die Zusage, dass unglaublicherweise auch dieser Winter enden wird. Dann wächst der hellgrüne Stängel wie im Zeitraffer, und bald trägt der Wind einen Frühlingsduft der ganz besonderen Art ins Wohnzimmer: ein derart deutliches Fuchsbau-Odeur, dass ich manchmal wünsche, ich könnte dem etwas hochnäsigen Ratschlag einiger elitärer Gartenbücher folgen, Kaiserkronen nicht in die Nähe »bewohnter Gebäude« zu setzen.

Doch bald schon wünsche ich dann, ich hätte mein bewohntes Gebäude mit noch viel, viel mehr Kaiserkronen umgeben. Dann blühen sie endlich! Diese großen, hängenden, strahlend flammenfarbenen Kronen unter einem kecken grünen Schopf, hoch über allen anderen Pflanzen thronend, sind von einem fröhlichen, exotischen Charme, dem man einfach erliegen muss. Sind sie schon im vertrauten Garten immer wieder verblüffend – in ihrer Heimat müssen sie überwältigend sein. Vita Sackville-West, die berühmte englische Gärtnerin, hat sie dort getroffen: »Es war eine der wildesten Gegenden von Persien, in einer dunklen, feuchten Schlucht, auf deren Grund ein Fluss über den Felsen stürzte, Wasser tröpfelte überall, und inmitten der feuchten Üppigkeit entdeckte ich plötzlich eine Gruppe dieser edlen Blumen. Wie Laternen leuchten die orangefarbenen Glocken im geheimnisvollen Schatten. Die Kaiserkronen standen fackelähnlich zwischen den nassen Felsen. Wie vornehm sie aussahen! Wie würdig ihres Namens! Kaiserkronen – wahrhaftig, sie glichen einem orangefarbenen Diadem, schön genug, um die Stirn eines Herrschers zu schmücken!«

So viel Schönheit blüht nicht lange im Verborgenen. Die Gartenkarriere der Kaiserkrone begann im heimatlichen Orient, doch 1574 schon kam sie über Konstantinopel in europäische Gärten. Zunächst wurde die Wildform kultiviert, die der heutigen Sorte 'Aurora' sehr ähnlich sieht: die großen Glocken sind leuchtend bräunlich-orange. Verborgen, doch besonders hübsch ist die Innenseite der bis zu sechs

Zentimeter großen hängenden Becher: Wer sie umdreht, kann die wie hingetuschte, tief rostrote Äderung deutlich erkennen, und unten, an der Basis eines jeden Blütenblattes, glitzert ein heller, kristallener Nektartropfen, den bestäubenden Insekten attraktiv auf dunklem Untergrund serviert.

Seit 1771 ist 'Fascianta' mit braunroten Blüten und gestreiftem Stiel bekannt, inzwischen gibt es Kaiserkronen in mehreren Farbvarianten. Da sind zum Beispiel die großblumige, leuchtend rote 'Rubra Maxima', die gelbe 'Lutea Maxima', die dunkel-bronzerote 'William Rex' und die hellere, weich orangefarbene 'Premier'. Besonders apart ist *Fritillaria imperialis* 'Prolifera', eine sozusagen doppelstöckige Kaiserkrone: Sie trägt zwei Blütenkränze übereinander.

Wie arm wäre der Frühlingsgarten ohne diese ebenso durchsetzungsfähige wie dekorative Majestät! Ohne ihre stattliche Größe, ihre strahlende Erscheinung – und selbst ihren eigenwilligen, unverwechselbaren Geruch würde ich inzwischen doch irgendwie vermissen!

Elegante Egozentrik: Narzissen

»Wo immer man sie pflanzt, kann man damit rechnen, dass aus den Zwiebeln die Blumen emporsteigen, die im Innern schon vorbereitet waren. Jahr um Jahr vermehren sie sich, bis die Qualität nachzulassen beginnt, worauf man sie ausgräbt und zweimal soviel Zwiebeln findet wie man gesetzt hatte.« Zuverlässigkeit, Robustheit, Vermehrungsfreude – Vita Sackville-West, die große britische Gärtnerin, brachte das Karrieregeheimnis der Narzissenfamilie auf den Punkt. Und wenn dann noch so viel Schönheit, Wandlungsfähigkeit und ein so großer Auftritt direkt nach dem Winter dazukommen, müssen ihr die Fans ja zu Füßen, vielmehr: zu Zwiebeln liegen.

Sie tun es, und dass sie es schon sehr lange tun, verrät der botanische Name der bezaubernden Frühjahrsschönheit. Er stammt aus der griechischen Sage, und eigentlich ist die Narzisse männlich. Narkissos, ein betörend schöner, aber herzloser Jüngling, wurde einst von den Göttern grausam gestraft: Mit Narzissmus eben, mit ewig unerfüllter Selbstverliebtheit. Er verschmachtete vor einer Quelle, an der er sich nach seinem unerreichbaren Spiegelbild verzehrt hatte. Übrig blieb eine strahlend weiße, zarte Blume mit gelbem, rot umrandetem »Krönchen« in der Mitte: *Narcissus poeticus*, die wundervolle Dichternarzisse. Sie wächst wild auf griechischen und anderen süd- und mitteleuropäischen Bergwiesen, doch ihre Gartenkarriere begann sehr früh, und sie dauert bis heute. In arabischen Palast- und Privatgärten war sie schon im 11. Jahrhundert ebenso beliebt wie die Rose, der Narzissenboom des 19. Jahrhunderts erkor sie zu einer der Favoritinnen britischer und niederländischer Gärtner, und selbst heute noch ist sie, aller modernen Konkurrenz zum Trotz, eine der herrlichsten Frühjahrsblumen überhaupt. Anders als der unglücklicher Narkissos straft sie ihre Verehrer nicht mit steriler Kälte, sondern schenkt ihnen stattdessen einen sinnlichen Duft, ebenso süß und lilienschwer wie frühlingshaft fruchtig.

Die Bereitschaft der Narzissen, fast überall zu gedeihen und fröhlich untereinander zu bastardieren, hat Züchter immer fasziniert und inzwischen Tausende von Sorten erbracht, von zierlichen fünf bis zu stattlichen 40 Zentimetern, mit einer Blütezeit von Februar bis Mai, bei einigen wenigen auch im Spätherbst oder, im Zimmer, im Winter. Sie blühen gelb und weiß in allen Schattierungen, selten grün, die Nebenkronen in der Blütenmitte können außerdem rote, orange oder rosa Markierungen aufweisen. Narzissen werden nach Blütenform in zwölf Gruppen eingeteilt. Wenn auch der Normalgärtner sie nicht alle kennen muss: Es hilft schon sehr, vor allem bei der Bestellung aus Katalogen mit großem Sortiment.

Da sind als Klasse 1 die mit großen trompetenförmigen Einzelblüten, die klassischen Osterglocken also. 'King Alfred' heißt der 1899 gezüchtete goldgelbe Evergreen, modernere Sorten sind die ebenfalls goldgelben 'Dutch Master' und 'Arctic Gold' oder die rahmweiße, noble 'Mount Hood'. Sind die Trompeten etwas kürzer, handelt es sich um Klasse 2: mit großen Nebenkronen. Zu ihnen zählen der zartgelbe Klassiker 'Carlton' und die dunkelgoldene 'Ceylon'. 3. Kleine Nebenkronen, haben höchstens ein Drittel der Länge der Kronblätter. Klasse 4, mit gefüllten Blüten, trägt oft mehrere Blüten an einem Stängel. Diese vier Narzissentypen sind recht groß, etwa in der Mitte liegt die reingelbe 'Van Sion', die mit 30 cm Höhe auch für Schalen gut geeignet ist.

Die nächsten Klassen dagegen gehören zu den Kleineren. Es sind 5. Triandrus-Narzissen, die zwei bis sechs nickende Blüten mit meist zurückgeschlagenen Blättern und kurzer Nebenkrone an einem um die acht Zentimeter langen Stiel tragen. Zu ihren attraktivsten Vertetern gehören 'Hawera', eine bezaubernde, sehr spät blühende, duftende kleine Sorte von blassem Kanariengelb, und die reinweiße, sehr haltbare 'Ice Wings'. Klasse 6. sind die Cyclamineus-Narzissen, deren Einzelblüten mit auffällig zurückgeschlagenen Blättern an Alpenveilchen erinnern. Sie tragen besonders graziöse kleine Blüten, etwa 'February Gold' und 'February Silver', goldgelb und reinweiß, sowie eine meiner großen Favoriten: die robuste, niedliche und verträgliche 'Jack Snipe' mit weißem Kranz und primelgelber Trompete. Die nächste, 6. Klasse, die Jonquilla-Narzissen, hat ein bis fünf meist duftende Blüten pro Stängel, ausgebreitete Blütenblätter und kleine, flache Nebenkronen. Beliebt sind die sattgelbe, duftende 'Simplex' und ihr verbesserter Abkömmling 'Baby Moon'. Besonders stark duften auch die Tazetten, Klasse 8. Sie sind die klein- und reichblütigsten von allen: bis zu 20 Blüten mit sehr kleinen Nebenkronen pro Trieb, hervorragende Schnitt- und Treibblumen und teilweise nur begrenzt frosthart. Klasse 9, die Poeticus-Narzissen, ähneln der klassischen Vertreterin, der wunderbaren Dichternarzisse, etwa 'Actaea'. Klasse 10, die botanischen Arten, umfassen sowohl Wildformen als auch »zahme« Hybriden. Einige von ihnen sind im Garten schwieriger zu kultivieren als die härtere Verwandtschaft. *Narcissus canaliculatus* etwa, weiß mit orangegelber Krone, wünscht leichten, warmen, gut drainierten Boden. Klasse 11, noch einmal unterteilt, umfasst Typen mit geschlitzter und gekrauster Nebenkrone. In Klasse 12, den Gemischten, landen schließlich alle, die sich nirgendwo sonst recht einordnen lassen. Eine Menge Auswahl also, mit Blütezeiten von der Schneeschmelze bis ins Spätfrühjahr. Die reinweiße, betäubend duftende Tazette 'Paperwhite' lässt sich, im Zimmer, sogar zu Weihnachten zur Blüte bringen.

Auch wenn Vita Sackville-West als einziges Erfolgsrezept »Eingraben und auf Gott vertrauen« angibt – einen gewissen Service wissen auch Narzissen zu schätzen. Um so schöner werden sie blühen. Beim Kauf sollte man selbstverständlich auf möglichst frische, pralle Zwiebeln mit unversehrter Außenhaut achten. Die möchten dann so schnell wie möglich in die Erde, am liebsten schon im September, mit Oktober geben sie sich auch noch zufrieden, danach ist es Glückssache, ob sie noch anwachsen, ein Jahr zögern oder sich völlig verabschieden. Langes offenes Liegen vertragen sie viel schlechter als etwa die stabilen Tulpenzwiebeln, sie vertrocknen oder sterben rapide an Schimmelpilzbefall dahin. Narzissenzwiebeln sind giftig. Von experimentierfreudigen Kleinkindern und Haustieren sollte man sie daher unbedingt fernhalten – im Interesse aller beider.

Auch wenn sie die Zierde jeder formalen Anlage sein können, am schönsten, am »artgerechtesten« stehen Narzissen, die großen ebenso wie die beinahe noch attraktiveren Kleinen, in großer Zahl verwildert im Gras. Optimal wären natürlich sonnige Obstwiesen mit durchlässigem, ein wenig frühjahrsfeuchtem Boden samt Bachlauf – aber wer hat das schon? Kein Problem, Narzissen geben sich willig mit einem grasigen Wegrand, dem Rasen unter einem kleinen Baum oder dem Frühjahrs-sonnigen Standort am Gehölzrand zufrieden. Natürlich möchten sie keinesfalls in Reih und Glied gezwängt, sondern locker angesiedelt werden. Der alte Zwiebelpflanz-Tipp – eine Hand voll Zwiebeln hochwerfen und dort eingraben, wo sie fallen – bewährt sich auch bei ihnen. Nur die Abstände vergrößert man notfalls ein wenig, auf mindestens eine Zwiebelbreite, damit genug Platz zum Teilen bleibt. Stehen sie so eng, dass sie einander bedrängen, blühen sie weniger. Die Pflanzlöcher sollten etwa anderthalbmal bis doppelt so tief sein wie die Zwiebel breit ist.

Eine gute Starthilfe ist eine Portion organischen Volldüngers, gern mit etwas Extra-Knochenmehl, dessen Phosphorgehalt die Blühfreudigkeit fördert. Mit Stickstoff sollte man sparsam umgehen, damit das Gras um die Zwiebeln nicht allzuschnell wuchert. Wie fast alle Zwiebelpflanzen lieben auch Narzissen Urgesteinsmehl, das, ebenso wie Holzasche, zugleich die Gefahr von tödlichem Pilzbefall mindert. Um die Bodenfeuchtigkeit zu halten, hilft es an sehr mageren Standorten, das Pflanzloch mit einer Mischung aus Komposterde und Lehmmehl zu schließen oder eine Hand voll Lehm zu den Zwiebeln zu geben. Ältere Bestände freuen sich über eine Düngung nach dem Austrieb möglichst früh im Frühjahr.

Verblühte Stängel pflückt man aus, um der Pflanze die Anstrengung des Samenbildens zu ersparen. Wenn allerdings die Blätter zu früh geschnitten und der Zwiebel damit die Reserven entzogen werden, kümmert sie und stirbt ab. Altes Narzissenlaub ist leider ebenso üppig wie unansehnlich und sollte frühestens sechs Wochen nach der Blüte geschnitten werden. Auf einer Wildwiese kein Problem, auf Rasen wird gelegentlich empfohlen, die welkenden Schöpfe im Gras zu Zöpfen zu flechten, um sie vor den Rasenmäher zu schützen. Eine fummelige Prozedur mit optisch ziemlich unbefriedigendem Ergebnis. Ich habe mich in meinem kleinen Garten anders entschieden: Die große Freiheit genießen, neben der Dichternarzisse natürlich, nur die Kleinen. 'Jack Snipe', 'Minnow', 'Hawera', 'Ice Wings' und einige andere teilen sich mit einer bunten Gesellschaft die verwilderten Zwanzig-Zentimeter-Randstreifen zwischen Graswegen und Beeten. Sind im Mai die letzten Zwiebelpflanzen verblüht, werden sie sehr schnell von Gras, Fingerhut- und Akeleienblättern überwachsen und Narzisse, Schachblume & Co können sich relativ diskret verabschieden.

Wer seine Bestände vermehren möchte, sollte das tun, wenn das Laub zu vergilben beginnt. Dann kann man die Horste problemlos aufnehmen und teilen. So gepflegt, machen Narzissen sehr wenig Probleme und sehr viel Freude, zumal sie, ihrer Giftigkeit wegen, nur wenige Fressfeinde haben. Mäuse und Kaninchen verschmähen sie, und sogar die Wühlmäuse sollen sie in Ruhe lassen. Die Nacktschnecken tun es leider nicht. Ihre Jungtiere erklimmen Stängel für Stängel und fressen, ebenso präzise wie provozierend, nur die Blüte, oder, noch ärgerlicher, die Knospe auf.

Sei es, um sie in einem regnerischen Frühjahr vor den Schnecken zu retten, sei es, um ihren Duft noch intensiver zu genießen – Narzissen sind wunderschöne Schnittblumen. Nur Gesellschaft dulden sie in der Vase nicht. Die töten sie mit giftigen Stängelausscheidungen. Da sind sie egozentrisch wie Narkissos: Ihre Schönheit will solitär bewundert werden.

Schädling auf kräftigen Pfoten oder Gärtners bester Freund?

Gärtner sind seltsame Wesen. Im Kampf um das Wohlergehen der grünen Lieblinge verfolgen sie unnachsichtig Blattlaus, Wühlmaus & Co, doch einen der potenziell effizientesten Schädlinge holen sich viele selbst ins Revier. Die Rede ist vom Hund. In meinem Garten etwa vergnügten sich zeitweise gleich zwei davon: meine eigene Ronja und deren Freundin Ulla, zwei Airedale-Terrier-Damen im fittesten Alter, die sich gern zu rüden Spielen trafen. Zunächst kein Problem, das verwildert übernommene Gärtchen war frei von empfindlichem Bewuchs. Aber als auch ich anfing, mich draußen zu beschäftigen, kam es zu heftigen Interessenkollisionen. Ulla erwies sich als Meisterin im Clematis-Ausbuddeln, während Ronja jeden Versuch, die alte Hecke längs der Straße zu unterpflanzen, mit kräftigen Pfoten zunichte machte. Wo die beiden galoppierten, wuchs buchstäblich nichts mehr.

Hund und Garten – wie machen das eigentlich andere? Mit Entsetzen registrierte ich pieksaubere Anwesen, die in der hintersten Ecke einen kleinen, kahlen Zwinger aufwiesen. Neidvoll betrachtete ich Areale, die so groß waren, dass Hund und Gärtner sich aus dem Wege gehen konnten. Die oft gesehene Lösung, jedes Pflänzchen einzuzäunen, fand ich optisch nicht besonders ansprechend. Beklommen registrierte ich Berichte wie: »Auf unseren 1000 Quadratmetern ist nur noch eine große Tanne übrig. Alles andere haben die Hunde zerwühlt, plattgetreten oder totgepinkelt. Aber man kann nun mal nicht beides haben, und wir lieben doch unsere Hunde.«

Ich wollte aber beides, und zwar auf nicht viel mehr als 300 Quadratmetern, und ich habe es bekommen. Doch zunächst das Wichtigste: Wir reden beim Thema »Hund und Garten« nicht von jenen bedauernswerten Tieren, die – »Er hat doch den großen Garten« – draußen endlose Tage alleine verbringen müssen und ihre Langeweile der ebenso bedauernswerten Nachbarschaft in die Ohren kläffen. Dass die ihren Frust an den Rabatten abreagieren, ist nicht nur folgerichtig, sondern wünschenswert. Ein Hund ist ein besonders soziales Rudeltier. Zu seinem (Menschen)Rudel gehört er, und wer ihm ausreichenden Kontakt nicht bieten kann oder will, darf sich keinen anschaffen. Das gleiche gilt für die unerlässlichen interessanten Spaziergänge.

Aber auch mit ausreichend Anschluss und Bewegung lieben es viele Hunde, auch mal ein Privatleben draußen zu führen. Darum: Teilen Sie den Garten auf. Wenn Sie dabei ein bisschen auf die Bedürfnisse Ihres Vierbeiners eingehen, kostet Sie das nicht einmal besonders viel Raum. Unerlässlich ist ein Platz zum Ruhen und Wachen, von dem aus es etwas zu sehen gibt. Hunde wollen da sein, wo etwas los ist! Die tolle Hundehütte in der hintersten Ecke bleibt garantiert unbenutzt. Gefragt sind Stellen mit Überblick, gerne leicht erhöht, etwa ein breiter Treppenabsatz mit Matte darauf oder das Flachdach einer gut platzierten Hütte. Sie werden sehr schnell merken, welchen Stammplatz Ihr Hund sich wünscht. Lassen Sie ihm diesen.

Dann, wichtig: der »Bellweg« an der Außengrenze. Alle Hundebesitzer, die ich kenne, haben die Erfahrung gemacht, dass es ständige Reibereien provoziert, ein Beet entlang der äußeren Reviergrenze vor Hundetritten zu schützen. Spätestens wenn der vierbeinige Lieblingsfeind vorbeikommt, sind die Pflanzen platt. Sparen Sie sich das, gestatten Sie ihrem Hund diesen Pfad. Ideal ist es, wenn so eine Rennstrecke, die da, wo es nicht viel zu sehen gibt, ruhig schmal sein kann, einmal um die Außengrenze des ganzen Grundstücks führt. Ein solcher Wechsel erlaubt die größtmögliche Bewegung auf kleinstem Raum und wird gern genutzt.

Ein kleines Stückchen Revier sollte der Hund möglichst zur freien Verfügung haben, denn seine Vorstellungen von Gartenlust sind nun einmal den unseren ziemlich entgegengesetzt. Wieder gilt: Groß muss es nicht sein, aber zweckmäßig und interessant. Bei uns ist es eine sandige Auffahrt nebst einem Streifen robuster alter Büsche, den ich, damit die Pfoten auch bei Nässe nicht allzu dreckig sind, mit einer dicken Schicht Rindenmulch unterlegt habe. Auf Rindenmulch wird übrigens auch gern gepinkelt, das erspart bei einer Hündin viele lästige Flecken im Rasen. Auf der Auffahrt – und nur dort! – wird gebalgt, und in der hinteren Ecke am Geräteschuppen haben die Terrier mit Hingabe eine ansehnliche Höhle ausgehoben. Ein solches Eckchen mit »Buddel-Lizenz«, wo auch mal ein Knochen ungestört reifen darf, schont die Rabatten ungemein.

Damit hat Ihr Hund alles, was er braucht, um Spaß zu haben. Jetzt sind Sie dran. Überlegen Sie, wo Sie den Vierbeiner auf keinen Fall haben wollen. Setzen Sie Tabus und setzen Sie die konsequent durch, – ausnahmslos und von Anfang an! Betrachten Sie »Gartensitten« als Teil der Grunderziehung, etwa wie Stubenreinheit. Sie verlangen damit nichts Widernatürliches, Unverständliches. Für einen Hund ist es völlig logisch, unsichtbare Barrieren zu respektieren: Caniden markieren ihre Reviergrenzen mit Duftmarken. Wo »Betreten verboten« gilt, lernt der Vierbeiner also schnell, noch leichter, wenn Sie zunächst ein wenig nachhelfen. Ich habe im ersten Sommer Salat und Kräuter auf ein relativ hundesicheres Hochbeet verlegt und die übrigen Beete einfach mit Bambusstangen und Kokosschnur umzäunt. Dabei ging es nicht um Stabilität, sondern um eine deutliche optische Begrenzung und eine ebenso deutliche Rüge, wenn die Grenze verletzt wurde. Meist kann man Barriere entfernen, wenn der Hund begriffen hat.

Sollten Sie sich doch für eine dauerhafte Einzäunung entscheiden: Hüten Sie sich vor Spanndraht, der kann böse Schnittverletzungen verursachen. Dass Sie Tiere sorgfältig von Rasenmäherkabeln und Chemikalien fern halten, ist selbstverständlich. Ich kenne eine Hündin, die an Kunstdünger beinahe gestorben wäre. Auch mit Giftpflanzen sollten Sie, zumindest solange Ihr Welpe noch alles beknabbert, sehr, sehr vorsichtig sein. Eisenhut oral hat schon einige Hundeleben vorzeitig beendet. Besonders, wenn sie sich viel bewegen, brauchen Hunde reichlich Flüssigkeit. Vergessen Sie also nie, Erfrischungen bereitzustellen.

Das bisschen Umsicht, das ein Hund im grünen Paradies verlangt, lohnt sich allemal. Unerwünschter Katzen- und Marderbesuch reduziert sich, Vögel ziehen wieder ein. Ausgezogen sind dagegen die Wühlmäuse: freigebig in ihre Gänge gestopfte Terrierwolle hat sie vergrämt. Und, last not least: Ich hätte meine fröhlich ums Haus flitzenden Freundinnen nicht mehr missen mögen, auch wenn's denn doch mal eine Blume kostete. Mit Hund macht ein Garten einfach noch mehr Spaß!

Ronja übrigens lebt nicht mehr. Sie starb, vierjährig, am Giftköder eines anonymen Hundehassers. Auch wenn der im Stadtpark ausgelegt war, so liefert ihr Schicksal doch ein ebenso trauriges wie wichtiges PS zum Thema »Hund«. Lassen Sie ihn nicht unbeaufsichtigt – und vor allem niemals allein auf dem Grundstück. Man weiß nie, wer vorbeikommt!

Rehabilitiert die Weigelie!

Was gibt es Reizvolleres, als im November einen neuen Garten zu bekommen und dann gespannt und voller Vorfreude auf das Frühjahr zu warten? Darauf, wie es hier wohl aussehen, was wohl austreiben mag? Auf meinen eigenen Grundstück erwies sich diese Frage im Mai dann als sehr einfach zu beantworten. Meinem Vorgänger, einem alten Kapitän, war alles, was so zu Lande wuchert, offenbar ziemlich suspekt gewesen. So hatte er seinen gärtnerischen Ehrgeiz weitgehend darauf beschränkt, Grünes auszureißen, das Areal großzügig mit Schotter und Beton zu versehen und schließlich Bäume und Sträucher ab und zu, ohne Ansehen der Person, gleichermaßen rabiat niederzusägen. Am Boden hatten das, neben zwei in Pflasterritzen abgetauchten Scilla, einer einzigen, wie in panischer Angst in die Wurzeln einer Forsythie geduckten Akelei und einigen Erdbeerpflanzen auf der Flucht, nur Quecke und Giersch überlebt. Beide in ansehnlichen Mengen und erstaunlich vital.

Doch da sich der Käptn schließlich lieber dem Rotwein als der Gehölzpflege gewidmet hatte, waren zumindest die Sträucher so groß, dass sie auch schon im Spätherbst leicht zu identifizieren waren. Da gab es etwa eine Ligusterhecke, Berberitzen, Forsythien, Flieder, Philadelphus, alle sehr alt. Dazu, passend zum Fünfziger-Jahre-Siedlungshäuschen, zwei Deutzien und zwei Weigelien. Eine bestand aus einem Dutzend dicker, rissiger, fast zwei Meter hoher Stämme mit einem verfilzten rötlichen Dickicht an der Spitze: *Weigela florida*, wie die Deutzien eine Modepflanze der Wirtschaftswunder-Ära.

Ich war alles andere als begeistert. Um es neudeutsch prägnant zusammenzufassen: Weigelien? Würg! Die kannte ich nur aus besonders spießigen Gärten entlang meines Schulwegs und aus den unerfreulichsten Ecken minimalistisch bepflanzter öffentlicher Grünanlagen. Später, mit der Arroganz neu erworbenen ökogärtnerischen Wissens, hatte ich die Einwanderer aus Ostasien sowieso nur verachtet. Und fortan sollte ich mit gleich zweien zusammenleben? Missmutig starrte ich das mächtige, struppige Exemplar an, und ebenso missmutig schien die Weigelie aus dem Novembergrau zurückzustarren.

Doch man soll nie nie sagen, im Garten erst recht nicht! Irgendwann kam der Mai, rundum war noch alles Baustelle, und zum ersten Mal sah ich meine Sträucher blühen. Und siehe da: Die größte Überraschung war die große Weigelie! Während alle anderen Büsche sichtbar kümmerten, prunkte sie fröhlich und wochenlang mit einem ganzen Wasserfall zart duftender Glöckchen, von Insekten umschwärmt, changierend in allen Nuancen von matt Weißlichrosa bis dunkel Rotbraun. Aus dem mürrischen, zottigen Aschenputtel in der düsteren Ecke am Schuppen war über Nacht der bewunderte Star des Gartens geworden.

Jetzt erst ging mir auf, dass ich vorher überhaupt keine richtige Weigelie gekannt hatte. Was ich in so übler Erinnerung hatte, waren unsachgemäß zurechtgestutzte Karikaturen gewesen, arme Opfer, denen man regelmäßig die meisten Blüten gekappt hatte. *Weigelia* blüht nur aus kleinen Seitentrieben am einjährigen Holz. Das allherbstliche Herunterschneiden nach Schema F führt also unweigerlich ins Desaster: Irgendwann bleibt nur noch ein struppiger Besen voller Totholz übrig, gekrönt von den traurigen Resten amputierter Blütenzweige. Mit einer Weigelie aber hat das ungefähr so viel zu tun wie eine gnadenlos niedergemachte Polyantha mit einem üppigen Strauchrosenbusch.

Weigela florida, ein Geißblattgewächs und ursprünglich an japanischen Waldrändern zuhause, hat in ihrer Gartenkarriere großes Pech gehabt: Ausgerechnet ihre Freundlichkeit wurde ihr zum Verhängnis. Weil sie mit nahezu jedem Boden vorlieb nimmt, erstaunlich gesund und abgasfest ist und auch noch im tiefen Halbschatten gutwillig blüht, verkam sie schnell zum ordinären Allzweck- und Allerweltsgrün. Nach einer kurzen, steilen Karriere war ihr Ruf gründlich ruiniert. Heute ist sie absolut »out«, und in trendigen Gartenbüchern sucht man sie vergebens. Das ist schade, denn tatsächlich braucht sie nur wenig, um eine zeitlose Zierde zu sein: ein bisschen Platz, um ihre bogenförmigen Zweige graziös auszubreiten, und, falls nötig, einen verständnisvollen Schnitt. Nach der Blüte, versteht sich! Dann kann man das abgeblühte Holz tief herausnehmen – und ja nicht auf halber Länge abschneiden! – und den üppigen Nachwuchs wieder locker fallen lassen.

Am schönsten ist sie natürlich völlig ungezähmt und in einer naturnahen Umgebung. *Weigela florida* erreicht etwa drei Meter Höhe, mein Prachtstück hat es inzwischen fast so weit geschafft und außerdem, mächtig ausladend, einen Flügel der Schuppentür zugewachsen. Doch ich kann mich einfach nicht überwinden, die Krone kräftig auszulichten. Sie blüht jetzt in so üppigen Kaskaden, im September sogar ein zweites Mal, und ihr leuchtend goldgelbes Herbstlaub, das sie am längsten von allen meinen Sträuchern festhält, macht selbst den düstersten Herbst noch erträglich.

Ungefährlich ist dieser Wildwuchs leider nicht. Durch langen unsachgemäßen Schnitt zum mächtigen Hochstamm geworden, ist sie kopflastig und könnte irgendwann, im Sturm oder unter Nassschnee, einfach umkippen. Doch die Lebensdauer meiner Weigelien dürfte ohnehin nur noch begrenzt sein. Der ganze Garten ist, flächendeckend, von Hallimasch befallen, und in teilweise bloßliegenden und verletzten Wurzeln hat er lange Zeit eine ideale Heimat gefunden. Den Kompost, mit dem ich all die kapitänsgeschädigten Pflanzen reichlich versorgt habe, haben die Sträucher zwar prompt honoriert, aber auch dem parasitären, gefährlichen Pilz geht es nun so gut wie nie. Und Weigelien sind für Hallimasch besonders anfällig.

So lasse ich sie lieber wachsen, so lange es eben geht, versorge sie möglichst gut und freue mich über jedes Frühjahr, in dem die große alte Dame noch einmal in voller Robe auftreten kann. Ich bin da übrigens nicht die einzige: Auch viele Tiere wissen die gastfreundliche Asiatin sehr zu schätzen. Ihre dichte Krone verbirgt immer ein Amselnest, und sowohl wilde Bienen als auch Erdhummeln lieben nicht nur ihre Blüten, sondern haben sich auch in ihrem knorrigen, rissigen, kleine Höhlen bildenden Holz an ihren Füßen niedergelassen. Die Dompfaffen schließlich ziehen sie allen anderen vor: Obwohl rundum reichlich Hagebutten und Obstbaumknospen locken, kommen sie bei jedem Wintereinbruch prompt zu den Weigelien, bis auch der letzte Samenstand geknackt und leergefressen ist.

Vom diskreten Charme der Unterirdischen

Kein Zweifel: Gärtnern macht exzentrisch. Das dämmerte mir, als ich das erste Mal spontan »'Tschuldigung« zu den Heckenrosen sagte, weil ich einen ihrer langen Zweige ins Fenster geklemmt hatte. Später ertappte ich mich dabei, ein widerspenstiges Dickicht mit der gereizten Frage »Kann ich endlich mal durch?!« aus dem Weg zu schieben. Als sich Intermezzi dieser Art in bedenklicher Weise zu häufen begannen, beruhigte ich mich zunächst mit der Feststellung, dass es in Gärtnerkreisen offenbar nicht unüblich ist, mit Pflanzen zu sprechen. Das kommt selbst in den adligsten Familien vor, kann allerdings mitunter zu unerwünschten Konsequenzen führen: Der britische König George III. wurde aufgrund einer kontroversen Konversation mit einer Eiche, die er für Friedrich den Großen hielt, für verrückt erklärt. Solange ich jedoch meine Pflanzen noch als solche identifizieren kann, dürfte keine allzu akute Gefahr bestehen. Hoffte ich wenigstens.

Aber dann kam dieser Tag: Ich hockte vor dem Miniteich im halbierten Holzfass. Unten zogen Feng, Shui und Eberhard, die zahmen Goldfische, erwartungsvolle Kreise, oben wanden sich einige Regenwürmer zwischen meinen Fingern. Shui, der Gierigste, schnappte schon versuchsweise in die Luft wie ein winziger Hai, ich blickte hin und her – und brachte es plötzlich irgendwie nicht mehr fertig, diese armen Würmer diesen gefräßigen Monstern auszuliefern. Und jäh wusste ich: Es war soweit. Es hatte mich endgültig erwischt. Jetzt liebte ich schon die Regenwürmer!

Obwohl – verdient haben sie es natürlich. Ohne die Regenwürmer sähe mein Grundstück heute noch aus, wie ich es übernommen habe: meist geschotterter Lehmboden, so fest, dass man ihn fegen konnte. Was mein Vorgänger auch getan hatte. Wenn ich es überhaupt schaffte, den Spaten in die Erde zu bekommen, war da kaum Humus und nirgendwo ein Regenwurm. Umbrechen und mit Gründüngung einsäen wäre sicher ein guter Anfang gewesen, doch leider verbot sich das von selbst. Jede tiefere Bodenbearbeitung hätte die Wurzeln der ohnehin schon kümmerlichen alten Bäume und Sträucher verletzt. Es musste vorsichtiger gehen, und möglichst von unten. Bis dahin hatte ich Regenwürmer vor allem als ideales Futter für meine diversen Viecher betrachtet, aber natürlich wusste ich um ihre unersetzliche Rolle im Bodenleben. Nun war klar: Ich brauchte ihre Hilfe, und ich brauchte sie dringend.

Selbstverständlich war ich bereit, dafür angemessene Gegenleistungen zu bieten. Auch der fleißigste Wurm kann ohne abgestorbenes organisches Material nichts anfangen, und so investierte ich zunächst in den Bau einer hölzernen Kompostkiste unter dem alten Apfelbaum, groß genug, um später auch sämtlichen Baum- und Strauchschnitt aufzunehmen. Jedes der drei Abteile hätte als Box für ein Shetlandpony gereicht, und mit dem Herbstlaub von vier großen Hochstämmen stand auch schon reichlich Wurmfutter in Aussicht. Als Soforthilfe erwarb ich einen Berg reifen Komposts von der Grünabfall-Deponie. Sehr zur Freude aller Katzen des Viertels übrigens: Eine derart große und luxuriöse Freiluft-Toilette war ihnen noch nie geboten worden! Im Herbst unterlegte ich Bäume und Sträucher großzügig mit einer Decke aus Kompost, Laub, Urgesteinsmehl und ein wenig organischem Volldünger, deckte dünn Rindenmulch darüber und hoffte auf hungrige Würmer.

Und sie kamen, so schnell, dass ich mich verblüfft fragte, woher. Sie akzeptierten die organische Schicht, bezogen meinen neu angelegten Kompost und allmählich, ganz langsam, begannen sie auch den Lehm aufzulockern und mit organischem Material zu durchziehen. Indessen zog ich meine Pflanzen in Hochbeeten und Kübeln und wartete. Es lohnte sich: Als ich bei einer Spatenprobe vier Jahre später eine Stelle, die zu Beginn absolut tot gewesen war, locker und tief von einem üppigen dunklen Netz aus schönster Regenwurmerde durchzogen fand, war ich dem glibbrigen Charme meiner kleinen Helfer längst erlegen – hatte ich doch nicht ein einziges Mal umgraben müssen! Natürlich kannte ich die diskreten Wühler inzwischen sozusagen persönlich und wusste, dass das, was ich für Regenwürmer verschiedener Größe und Farbe gehalten hatte, in Wirklichkeit verschiedene Arten sind:

Die häufigste ist *Allolobophora caliginosa*, der Gemeine Regenwurm, blass rötlichgrau, zwischen fünf und zwanzig Zentimetern lang und bevorzugt im Wurzelbereich von Pflanzen lebend. Er ist es, der den größten Teil der Erdarbeiten leistet, kommt aber nie an die Oberfläche. Ganz anders *Lumbricus terrestris*, der wesentlich größere und kräftigere Tau- oder Aalwurm, dessen charakteristische Kothäufchen morgens oft dicht an dicht am Boden zu sehen sind, vor allem im Herbst, wenn er herabgefallene Blätter in seine Gänge zieht. Vorwiegend »richtig« herum übrigens, das heißt, mit der Spitze zuerst. Das lernt er aus Erfahrung, ein Phänomen, das schon Charles Darwin veranlasste, Regenwürmern, obwohl sie so gut wie kein Gehirn besitzen, dennoch eine gewisse Intelligenz zuzusprechen.

Kräftigrot sind die eher oberflächenbewohnenden Arten, etwa *Eisenia foetida*, der Mist- oder Kompostwurm, der so viel Futter braucht, dass er nur in Mist- oder Komposthaufen überleben kann und dort schnell große Mengen hervorragender Wurmerde produziert. Er tauchte bei mir erst später auf, hat mittlerweile aber eindeutig die Mehrheit. *Lumbricus rubellus*, der Rotwurm schließlich, lebt gern unter Blättern, Holzhäckseln oder Blumentöpfen und versucht bei Gefahr, blitzartig davonzuschnellen.

Sie alle bevölkern längst den gesamten Garten und sind so zahlreich und hungrig geworden, dass ich inzwischen auch Rasenschnitt und Herbstlaub aus den Nachbargärten hole. Solche Delikatessen für meine treuen Mitarbeiter kann ich nämlich kaum noch im Abfall verschwinden sehen, und es wird wohl nicht mehr allzu lange dauern, bis mir beim Anblick von Leckerbissen wie Hasellaub, Zwiebelresten, Pferdemist oder fauligen Birnen selbst das Wasser im Mund zusammenläuft. Damit dürfte ich das Reich der Vernunft eindeutig ein wenig verlassen haben, doch ich muss zugeben, dass mir das sehr gut gefällt. So werde ich auch weiterhin, wenn sich die Gelegenheit ergibt, ungeniert mit meinen Pflanzen plaudern und die Regenwürmer als optisch vielleicht nicht allzu ansprechende, aber hoch geschätzte Mitbewohner betrachten – auch wenn die Fische längst nicht mehr auf ihr Lieblingsfutter verzichten müssen. Jeder Gärtner wird mich ohnehin verstehen, und wie sagt doch meine britische Freundin Liz: »Ist es nicht großartig, richtig verrückt zu sein? So haben wir keine Sorgen, und das Leben ist wunderbar!« Was kann man eigentlich mehr erwarten?

Karierte Eleganz: Schachblume

Es gibt Pflanzen, vor denen man einfach niederknien muss. Weil sie es verdienen, und vor allem, weil es sich so sehr lohnt. Meine persönliche Favoritin traf ich an einem herrlichen Apriltag am Hamburger Elbufer, irgendwo in der Nähe von Blankenese. Hoch oberhalb des Flutsaums stand sie plötzlich im frischen Gras, ein Tupfer seltsam matter Rotweinfarbe, der sich als die ungewöhnlichste Blume erwies, die ich je gesehen habe: Eine kleine, damenhaft adrett getragene hängende Glocke, fragil wie ein japanischer Farbholzschnitt, und…das konnte doch einfach nicht sein…kariert! Längst kniete ich auf dem feuchten Boden, weil ich nicht glauben konnte, was ich da sah. Und doch: Da stand es vor mir, das lebende Gegenbeispiel zu jenem unumstößlichen Grundsatz, den ich im Biologieunterricht hatte auswendiglernen müssen: »In der belebten Natur gibt es keinen rechten Winkel!«

Von wegen: Ob ich die niedliche Blüte nun von oben bestaunte oder sie, die sich anfühlte wir kühles Wachs, vorsichtig mit einem

Finger anhob, bis ich die glitzernden Nektartropfen an der Basis sehen konnte: Es blieb dabei. Diese Blume war kariert, ganz akkurat, Würfel an Würfel, rotviolett und hell, die winzigen Winkel und Kanten wie mit dem Lineal gezogen. Eine anmutige Exotin, eine Fremde inmitten dicker Sumpfdotterblumen und biederen Löwenzahns?

Weit gefehlt. Fritillaria meleagris, die Gefleckte Schachblume, ein Liliengewächs, auch Schachbrettblume, Kiebitzei, Reettulpe oder Riedtulpe genannt, ist seit Jahrhunderten eine Einheimische. Sie hat sich längs der großen Ströme in ganz Mittel- und Nordeuropa verbreitet, wo einmal ihre Urheimat lag, ist unbekannt. Auch den Genetikern gibt die über 100 Arten umfassende Gattung Fritillaria, der sie angehört, Rätsel auf: Die Zellen von Fritillarienzwiebeln erhalten die höchste überhaupt bekannte Konzentration an DNS, bis zu fünfundzwanzigmal mehr als eine Menschenzelle. Warum das so ist, weiß niemand. Zu einer derart kapriziösen Gattung passt das eigenwillige Design der Schachblume perfekt, das es, ehernen Gesetzen der Biologie zufolge, eigentlich überhaupt nicht geben dürfte. Fritillaria meleagris aber, der »perlhuhnfleckige Würfelbecher«, so die Übersetzung ihres botanischen Namens, ist ein zierlicher Viertelmeter Individualismus.

Die grazile Verwandte der majestätischen Kaiserkrone hat ohnehin für konventionelles Pflanzenverhalten wenig übrig. Wenn im April ihre Stängel erscheinen, verharren sie, statt unverzüglich zum Licht zu streben, zunächst bogenförmig gekrümmt, die Knospe in die silbrig graugrünen, linealischen Blätter gehüllt. Dann richten sie sich jäh auf und geben die spitzovale Knospe frei, die der Pflanze im Englischen den Namen »Snakeshead Fritillary« eingetragen hat. Der passt gleich mehrfach: Verwelken später die Blütenblätter, sehen sie, geschuppt und durchsichtig, aus wie eine abgeworfene Reptilienhaut. Die Briten übrigens, wie könnte es anders sein, lieben diese exzentrische Frühlingsbotin sehr. Berühmt sind vor allem die

Schachblumen auf den Wiesen des traditionsreichen Magdalen College in Oxford.

Hier und an ihren seltenen Naturstandorten kann Fritillaria so zahlreich auftreten, dass sie ganze Wiesen mit einem zarten purpurnen Schimmer überzieht. Aber sogar in einer derartigen Masse bleibt sie stets eine absolute Individualistin. Nie gleicht auch nur eine der aparten schwach, aber deutlich nach schwarzen Johannisbeeren duftenden Blütenglocken genau einer anderen. Ihre Farbe spielt von tiefem Violett bis ins helle Braunrosa oder Weiß, und auch die Zeichnung fällt immer verschieden aus. Teilweise ist sie ganz rechtwinklig und scharf umrissen, während saloppere Exemplare eher zu einem legeren, manchmal etwas verwaschenen Tupfenmuster tendieren. Sogar die weißen Blüten zeigen noch eine blassgrüne Andeutung des namensgebenden Schachbretts. Friedensreich Hundertwasser hätte der Anblick dieses provozierend geometrischen Stückchens Natur vermutlich in eine ernste Schaffenskrise gestürzt, Maler vergangener Jahrhunderte haben die Schachblume geliebt.

Die Dichter dagegen haben sie völlig im Verborgenen blühen lassen. Liegt es daran, dass die herbe Reetulpe nicht so süß duftet wie das Maiglöckchen? Dass ihr die unübersehbare, majestätische Statur der Kaiserkrone ebenso abgeht wie die anrührende Niedlichkeit des Schneeglöckchens oder das unwiderstehlich dekadente Flair der großen Lilien-Verwandtschaft? Dirks Pauluhn immerhin, Hamburger Bohemien und Mundartdichter, hat unter dem Titel »Schenkich Dihr« der »fewöhnten Damen Hamburch«, zur Abwechslung von der ewigen Treibhausflora, endlich auch Wildblumen zu Füßen gelegt: »Wollgras, Schachbluhm, Walttulpm, Feilchen«, denn, so Pauluhn: »... stellifohr, dass kein Wiesenbluhm mehr giebt...opp denn überhaupt noch jemand Luß hat, lebendige Junge zur Welt zu bring? Wass solln die Görn denn pflücken?«

Doch nicht nur die Gören müssen sich das Pflücken leider verkneifen, mit gutem Grund: Wird eine Schachblume kurz abgepflückt, stirbt die Zwiebel ab. Ihre Schönheit hätte der Reettulpe denn auch beinahe den Garaus gemacht: Körbeweise landeten die Blüten bis zum Ersten Weltkrieg etwa auf Hamburger Wochenmärkten. Große Vorkommen wurden so dezimiert. Den spärlichen Restbeständen rückten ausgedehnte Trockenlegungen und Eindeichungen von Feuchtwiesen immer bedrohlicher auf die Blätter, und die intensive Landwirtschaft gibt der empfindlichen Blume den Rest: Wiesen werden zu einseitig mit Stickstoff gedüngt und schon gemäht, bevor der Vegetationszyklus der Schachblume beendet ist. So teilt sie das Schicksal ganzer Feuchtwiesen-Lebensgemeinschaften: Sie ist Dauergast auf der Roten Liste.

Als die bedrohte Schachblume 1993 zur Blume des Jahres gewählt wurde, ermöglichte mir einer ihrer engagiertesten Förderer, der Hamburger Reedereidirektor Dieter Jaufmann sie, lange nach jener unvergeßlichen ersten Begegnung, endlich näher kennen zu lernen. Jaufmann stammt aus Blankenese, hat im April Geburtstag und ist so mit der Schachblume aufgewachsen. In den siebziger Jahren jedoch begann der begeisterte Gärtner und Botaniker seine zarte, karierte Kindheitsfreundin schmerzlich zu vermissen. Behörden und Naturschutzverbände beschieden ihn auf Anfrage lakonisch, die letzten Bestände nähmen zwar rapide ab, aber die Pflanze stehe dafür ja unter strengem Schutz. Das, so fand Jaufmann, konnte doch unmöglich alles sein! Unter Schutz gestellt, Gewissen beruhigt, und nun nichts mehr als ein lapidarer Abgesang auf eine Pflanze, die in den Niederlanden und im Flandern des siebzehnten Jahrhunderts Modeblume gewesen war, die auf Brueghels Blumenstücken auftauchte, alte holländische Wandkacheln zierte, die in den Bauerngärten der Elbmarsch über unzählige Generationen ein geschätzter Gast gewesen war? Zumindest bei ihm, so beschloss der Hamburger, sollte sie fortan eine Zuflucht finden, auch wenn das, gelinde gesagt, allen damaligen Gartentrends zuwiderlief.

Vor allem interessierte ihn, ob es möglich sein würde, sie über Generationen hinweg in menschlicher Obhut gesund zu vermehren, um sie notfalls später wieder auswildern zu können.

Als er auf die Suche ging, war es schon fast zu spät: Schachblumen waren modischerem Einheitsgrün gewichen und kaum noch zu sehen, geschweige denn zu bekommen. Jaufmann zog Wochenende für Wochenende los, trieb alte Bauern und Gärtner auf, sammelte Erinnerungen, Tipps und manchmal, selten, sogar ein bisschen Saatgut. Eines Tages war es dann doch soweit: In einem alten Margarinebecher bekam er feierlich drei ausgewachsene Zwiebeln überreicht. Damit hatte Fritillaria sozusagen die Zwiebel in seiner Gartentür, schlug umgehend Wurzeln und eroberte fortan still, aber ungemein beharrlich, Herz und Beete gleichermaßen, bis hin zu acht Quadratmetern Kopf an Kopf blühender, selbstgezogener Pflanzen. Im Laufe der Zeit gab die rätselhafte Schöne zumindest einige kleine Geheimnisse preis, nahm bereitwillig an botanischen Experimenten teil und lässt sich bis heute kundig umsorgen. Dabei trifft ein sachkundiger Gärtner leider nicht überall auf das gebührende Verständnis: Kriecht er etwa in Frühjahr mit einem Haarpinsel voll Blütenstaub durch die Beete, um ausgesuchte Exemplare zu kreuzen, setzt es von Freunden schon mal ein süffisantes. »Na, Dieter, befriedigst du deine Blumen?«

Jaufmann hat inzwischen viele Erfahrungen aus gut drei Jahrzehnten »Fritillarismus« in einer Kulturanleitung niedergelegt, um sein Wissen mit neuen Schachblumenfreunden zu teilen. Freunde nämlich kann die karierte Blume nach wie vor dringend brauchen, Freunde allerdings, die ihre eigenwillige Persönlichkeit wirklich zu würdigen wissen. Wie alle Mitglieder der großen Lilienfamilie verlangt die graziöse Kleine viel Interesse und Zuneigung von »ihrem« Gärtner. Lilien wissen einfach, was sie wert sind. Wer sie ebenso respekt- und achtlos behandelt wie jene bedauernswerten Wegwerfpflanzen aus Massenkulturen, der wird mit ihnen, und ganz besonders mit der Schachblume, niemals glücklich werden. Wer dagegen auch unkonventionelle, zurückhaltende Schönheit, wer Liebe auf den zweiten Blick zu schätzen weiß, der wird Fritillaria meleagris in seinem Frühlingsgarten nie mehr missen mögen. Ihrem ungewöhnlichen, eigensinnige Charme, der schon zu Kaisers Zeiten einen strengen Botaniker dazu hinriss, sie ganz unwissenschaftlich »ein reizendes Dingelchen« zu nennen, kann man sich einfach nicht entziehen. Deshalb noch einmal, trotz ewig nasser und dreckiger Knie: Es lohnt sich wirklich, vor der eleganten Kleinen niederzuknien, ihr phantastisches Outfit immer neu zu bestaunen. Schließlich hat sie, und nur sie allein von allen Lebewesen, das Unmögliche möglich gemacht!

Paradies mit Skorpion: Der Garten meines Großvaters

Das Paradies? Hätte mich damals jemand danach gefragt, so hätte ich ihn in diese kleine Straße geführt, über der in meiner Erinnerung stets ein schweres sommerliches Duftgemisch aus Rotklee und Ligusterblüten hängt, hinter die Fliederhecke in den Garten meines Großvaters. Den sonnenwarmen Teerpappenweg zwischen Kartoffeln und dicken Bohnen hinunter, bis hin zum grasigen Grabenufer unter dem alten Zwetschenbaum: Hier natürlich. Wo denn sonst?!

Das Versteck unter den großen Johannisbeerbüschen allerdings, das hätte ich niemandem gezeigt. Das gehörte nur mir allein, und es bescherte mir den ersten Moment absoluten Glücksgefühls, an den ich mich überhaupt erinnern kann: Ich saß, sehr, sehr klein noch, unter dem Blätterdach, und die Sonne schien durch die rubinrot funkelnden Beerentrauben hoch über mir. Es war ein vollkommener Augenblick. Wird man durch solche Augenblicke gartensüchtig, für ein ganzes Leben?

Auch später, als wir nur noch in den Ferien kamen, gab es immer irgendein Wunder extra für mich: Mittagsblumen, die sich unter der

Sonne öffneten, oder süße rote Erdbeeren, die ich selber pflücken durfte. Und nie werde ich diese überwältigenden, flammenfarbenen Blüten genau in meiner Augenhöhe vergessen, an denen man sich so herrlich die Nase verfärben konnte: die ersten Lilien meines Lebens. Dass ich die Blumen zwar nach Herzenslust anfassen, aber nicht abpflücken durfte, lernte ich schon früh, und ich war stolz, das ebenso zu wissen wie die Großen. War mir doch auch klar, dass ich die grünen Bälle an den Kartoffelstauden zwar in den Graben werfen, aber keinesfalls in den Mund stecken durfte. Dafür pulte ich die glatten dicken Bohnen aus ihren festen, innen pelzigen Schalen und begoss mit meiner Kindergießkanne alles rundum, sogar, ganz vorsichtig, die Grünkohlsetzlinge. Ärger bekam ich nur einmal, als ich die Kaninchen heimlich mit diesen zarten Pflanzen fütterte, auf die sie so scharf waren. Danach wusste ich genau, wie junge Kohlrabi aussehen!

Überhaupt: die Kaninchen! Ich liebte sie heiß, in den Ferien gehörten sie alle mir, und ich behandelte sie mit gebührendem Respekt. Die großen, kräftigen Stallhasen waren einem kleinen Kind durchaus gewachsen und machten mir notfalls knurrend und kratzend klar, dass sie keine lebendigen Spielzeuge waren. Doch immer gab es eines, das sehr zahm wurde, sich widerstandslos herumschleppen und endlos streicheln ließ. Dass mein Großvater viel später einen Weihnachtsbraten als meinen vergangenen Sommerfavoriten outete, hätte mich fast zur Vegetarierin gemacht.

Auch das hätte seine Tücken gehabt. Fünfjährig nämlich weigerte ich mich hartnäckig, Karotten auch nur anzurühren, weil in einer daheim eine eklige Made gewesen war. Bei ihm, erklärte mir mein Großvater, brauche ich derlei nicht zu fürchten. Maden hätten nur ganz winzige Beinchen und könnten den weiten Weg hierher überhaupt nicht schaffen. Diese Logik war bestechend. Fortan knabberte ich wieder, zumal ich mir Karotten selbst aus der Erde ziehen und das Kraut »meinen« Kaninchen geben durfte. Vom allzu exzessiven Blumenpflücken auf Spaziergängen hielt Opa mich ab, indem er mir ernsthaft auseinandersetzte, dass auch Blumen manchmal schlafen. So etwas hatte ich ja schon bei den geschlossenen Mittagsblumen gesehen, und es war klar, dass die Pflanzen dann ihre Ruhe haben mussten.

Nur bei den Fröschen, da hätten alle pädagogischen Fähigkeiten beinahe versagt. Wenn es etwas gab, das mich sogar noch mehr entzückte als die Kaninchen, dann waren es die wohl genährten Frösche und Kröten, die sich auf dem feuchten Grundstück in erstaunlicher Anzahl tummelten. Ich sah sie oft beim Gießen. Da saßen die Erdkröten dann unter den überhängenden, tropfnassen Blättern, still wie ein Stein, und nur ihre helle Kehle, die sich rhythmisch aufblähte, verriet sie. Wenn ich mich fasziniert hinkniete, sah ich, wie sie mich aus erstaunlichen Augen von tiefem, funkelndem Goldorange musterten.

Ich war hingerissen, doch leider teilte der Rest der Familie meine Begeisterung nicht. Ihr deutlich geäußerter Widerwille hielt mich nicht davon ab, anzuschleppen, was immer ich erwischen konnte – und ich erwischte einiges. Als ich eine Sonntagnachmittags-Garten-Teerunde fast sprengte, indem ich eine rekordverdächtig fette und verzweifelnd zappelnde Kröte, die ich mit meinen kleinen Händen kaum bändigen konnte, voller Stolz mitten zwischen die Kuchenteller plumpsen ließ, sah mein Großvater die Zeit zum Handeln gekommen. Er gab mir einen leeren Kaninchenkäfig, in den ich meine Beute setzen durfte. Ich stellte dann den bedauernswerten Amphibien stolz eine große Schüssel Hafer hin, so, wie ich eben auch die Kaninchen fütterte. Wenn ich wieder nachsah, war die Schüssel immer ebenso leer wie der Käfig. Die Tierchen hätten gut gegessen, ließ mich Opa dann wissen, und danach mussten sie nach Hause gehen, weil ihre Eltern sich schon Sorgen gemacht hätten. Das leuchtete mir natürlich ein.

Als ich älter war, hatte ich ein noch fesselnderes Hobby. Ich holte täglich mit dem Schöpfer, einem Zinkeimer mit langem Holzstiel, das Gießwasser aus dem Graben. Es war der Inbegriff aller Sommer- und Ferienfreude, ihn mit einem Klatschen und einer silbernen Spritzfontäne einzutauchen, dann das schwappende Ding hochzuwuchten und voller Spannung nach Beute auszuspähen. Irgendetwas Lebendiges war immer drin: Schnecken, Kaulquappen, junge Stichlinge, Gelbrandkäfer, unheimliche Libellenlarven und drollige Wasserläufer. Ich hatte ein provisorisches Aquarium in einer großen Schubkarre, beobachtete all die merkwürdigen, fremden Geschöpfe gebannt, musste sie aber jeden Abend zu meinem Leidwesen wieder in ihre Grabenfreiheit entlassen.

Bei einem dieser Fischzüge bekam ich den Schreck meines Lebens. Ich hatte den Schöpfer tiefer eingetaucht als gewöhnlich und ließ die moddrige Soße vorsichtig, um nur kein Fischchen zu übersehen, ins Gras laufen. Plötzlich bewegte sich etwas im dicken Bodensatz, ich beugte mich neugierig tiefer – und der stinkende Schlamm gebar, ganz langsam, eine abscheuliche Kreatur, ein Monster *en miniature*. Zwei skorpionartigen Greifzangen folgte auf dünnen Krabbelbeinen ein platter, etwa zwei Zentimeter langer Körper mit Stummelflügeln, der am Ende etwas trug, das ein Atemrohr war, aber aussah wie ein sehr langer Stachel. Ich ließ den Schöpfer fallen und floh. Nie wieder habe ich ihn danach ohne ein leises, unterdrücktes Gruseln ausschütten können. Ich wusste nun um die Schlange im Paradies, doch eine zweite Begegnung mit *Nepa cinerea*, dem Wasserskorpion (einer Wasserwanze), blieb mir glücklicherweise erspart.

Mein allererster Berufswunsch, Gärtnerin natürlich, erwies sich nicht als dauerhaft, die »Gartensucht« dagegen um so mehr. Jetzt blühen bei mir die großen, leuchtenden Lilien, und letztes Jahr hat sich sogar ein Grasfrosch entschlossen, den Sommer unter meiner Kapuzinerkresse zu verbringen. Wir trafen einander gelegentlich beim Gießen, und ich war verblüfft, wie viele schöne Erinnerungen beim Anblick seiner glänzenden, dunkel gemusterten Bronzehaut plötzlich wieder auftauchten. Nun werde ich erst einmal eine froschgerecht möblierte Maurerwanne eingraben, damit der kleine Hüpfer auch eine passable Wasserstelle vorfindet. Natürlich träume ich davon, dass sich auch noch die eine oder andere dicke Erdkröte einfindet. Dann wird ein richtiger kleiner Teich wohl kaum noch zu umgehen sein. Bloß *Nepa cinerea*, der Wasserskorpion, der bleibt hoffentlich weg. Erinnerungen hin oder her – auf seinen Horrorfilm-tauglichen Anblick kann ich auch heute noch ganz ausgezeichnet verzichten!

Von Alfreds Verwandtschaft: Gärtnern für Grasfrösche

Ich finde Amphibien unwiderstehlich. »Alfred«, mein unvergessener Laubfrosch, teilte viele Jahre lang mein Zimmer, hielt mich von den Schularbeiten ab und die ganze Familie in ständigem Fliegenjagd-Training. So hoffte ich, als ich einen eigenen Garten bekam, natürlich inständig auf Frosch- und Krötenbesuch und stattete ihn deshalb so einladend wie möglich aus: mit üppigem, dichtem Bewuchs, Schlupfwinkeln aus Steinen sowie Holz unter der Hecke und den alten Sträuchern. Doch Jahre vergingen, und Frösche ließen sich nicht blicken. Alte Gärten rundum verschwanden unter Beton, vom Teich des Nachbarn trennt mich die Straße, zur anderen Seite liegt die Innenstadt. Irgendwann gab ich die Hoffnung auf und freute mich an den Spitzmäusen und Zaunkönigen, die meine Wohnungsangebote gern akzeptiert hatten.

Umso verblüffter war ich eines Sommerabends: Vor der Hauswand, unter Wein und Kapuzinerkresse, komfortabel klimatisiert durch den tropfenden Wasserhahn, saß reglos ein kleiner, glänzender Frosch. Schwarze Streifen überzogen seinen hell bronzefarbigen Körper wie ein

Tarnnetz. Der große dunkle Schläfenfleck und die stumpfe Schnauze wiesen ihn als Grasfrosch, als *Rana temporaria*, den häufigsten aller einheimischen Frösche aus. Er gehört, wie Moor- und Springfrosch, zur Gruppe der Braunfrösche, die außerhalb der Paarungszeit meist vereinzelt an Land leben. Grünfrösche dagegen, See-, Teich- und Wasserfrosch, sind stets gesellig und bleiben in unmittelbarer Gewässernähe.

Fortan trafen wir uns öfter, meist bei den großen, von Kapuzinerkresse durchwachsenen Zuccini-Blattschirmen, wo er besonders gern auf die Dämmerung wartete. Selbstverständlich sollte mein neuer Mitbewohner jeden erdenklichen Service genießen. Vielleicht würde er mich dann der Verwandtschaft empfehlen? Im Frühjahr grub ich deshalb eine Maurerwanne im Schatten einer Engelwurz-Staude ein, möblierte sie mit Steinen, Baumwurzeln und Pflanzen und umgab sie mit einigen kleinen Holzstapeln. Rundum war dichter Bewuchs, und für mich sah es aus wie ein perfektes Froschrevier.

Der Frosch sah das leider anders. Zwar war er wieder unterwegs, doch an meinem neu gebauten Pool zeigte er keinerlei Interesse. Weil es trotzdem so schön war, kam noch ein großes halbes Holzfass dazu, in dem ich Regenwasser aus der Dachrinne auffing. Mit robustem Wasserhahnenfuß, Entengrütze und Wasserhyazinthen sowie einem dicken Ast ausgestattet, sah es unter den Kletterrosen richtig malerisch aus. Nützlich waren meine winzigen Teiche ohnehin: Nach heißen Tagen entnahm ich ihnen temperiertes Wasser für meine Tomatentöpfe und ersetzte es durch frisches. So blieben die Minigewässer auch ohne Filter klar.

Und dann, in der Dämmerung eines heißen Augustabends, starrte plötzlich ein Paar schimmernder Glotzaugen unter der Engelwurz hervor. Endlich! Ich ließ mich gerade in Zeitlupe auf die Knie nieder und fixierte gebannt den Wasserspiegel, als noch etwas Düsteres mit aufblitzender heller Unterseite an die Oberfläche schoss. Eine Schrecksekunde lang sah ich die gruseligen »Unken« aus alten Märchen, die jäh – und meist in böser Absicht – aus finsteren Brunnentiefen aufsteigen. Doch es war nur ein zweiter Frosch, ein sehr dunkler, der aussah wie ein Zwilling des ersten.

Wir müssen einen skurrilen Anblick geboten haben: Während ich fast auf dem Bauch um eine winzige Wasserfläche herum kroch, um die Frösche zu beobachten, beobachteten sie mich ebenso aufmerksam. Die beiden Augenpaare folgten snychron jeder meiner Bewegungen. Dann schwamm einer ein Stück in meine Richtung und musterte mich mit diesem Ausdruck intensiver Konzentration, der Amphibien so drollig erscheinen lässt. Ich musste lachen, und weg waren sie.

Doch sie blieben, klebten tagsüber reglos, untergetaucht, hinter einem Stein am Beckenrand. Die winzigen Kräusel, die ihr Atem verursachte, verrieten sie. Und plötzlich residierte auch im Fass ein Frosch, groß, eher grünlichbraun und mit einer dunkel gemusterten Unterseite. Ein Weibchen also, Männchen sind unterseits einfarbig. Abends saß die Dicke auf dem Ast und fing Mücken, bis sie irgendwann im Rosenbeet verschwand. Von mir ließ sie sich bald kaum noch stören, ansonsten schätzte sie leider keinen Besuch. Brachte ich jemanden mit, um sie stolz vorzuführen, blieb sie unsichtbar, so lange wir auch warteten. Und sobald ich alleine um die Ecke kam, funkelten ihre Augen wieder vom Stammplatz unter den Wasserhyazinthen hervor.

Einmal eingezogen, waren die Frösche sehr standorttreu. Bei Regenwetter verließen sie die Gewässer, bei Trockenheit waren sie sofort wieder da, um das lebensnotwendige Wasser über die Haut aufzunehmen. Ich sah immer die gleichen, unterschiedlich gezeichneten Tiere an immer den gleichen Stellen rund ums Haus. Damit sie auch an Land überall Unterschlupf fanden, ließ ich rund um eine große Deutzie Gras und Erdbeerblätter ungehindert wuchern. Das lange Gras kippte bald über, und unter diesen Tunneln hockte meist ein Frosch. Auch sollten sie möglichst ungefährdet jagen können, zumal all die feuchten, dunklen Plätze auch für Schnecken sehr anziehend waren. Also durfte auch am Rand der Beete das Gras höher werden, entfernte ich von den Stauden so wenige verwelkende Blätter wie möglich, verteilte große Rindenstücke im Rosenbeet und ging sogar so weit, unter dem alten Flieder den Giersch stehen zu lassen.

Es waren nicht nur Krähen, Elstern und Eichelhäher, die ich als Jäger fürchtete, es war auch mein eigener, mit dem terriertypischen Jagdinstinkt ausgestatteter Hund. Doch es ging erstaunlich gut mit »Kümmel« und den Fröschen. Sie dufteten nicht verlockend nach Beute und wurden deshalb nicht gezielt aufgestöbert. Wasser findet die große weiße Jägerin ohnehin eher unheimlich, und traf man einander zu Lande, blieben die Frösche still sitzen und bliesen sich zu doppeltem Umfang auf. Die Rattenfängerin, die natternschnell zuschnappt, wenn sich etwas bewegt, reagierte darauf mit erstarrter Ratlosigkeit, und ein »Nein!« reichte dann aus, um sie von Tätlichkeiten abzuhalten.

Offenbar hatten die großen Grasfrösche denselben gigantischen Appetit wie mein kleiner Alfred. Sie wurden fett, und trotz des furchtbaren Schneckensommers und des schattigen Gartens hielten sich die Fraßschäden erstaunlich in Grenzen. Kleinen Schneckennachwuchs sah ich kaum noch, und schon dafür hätte sich jede Mühe gelohnt. Im Herbst leerte ich dann alle Gefäße, damit meine Gäste nicht auf die tödliche Idee kamen, im zu flachen Wasser überwintern zu wollen, um schließlich im Eis zu ersticken. Nicht früh genug, denn als ich Ende Oktober die Maurerwanne ausgeschöpft hatte, fand ich die dunklen Zwillinge halb eingegraben in einem Blumentopf voller Kalmus. Ich setzte sie unter den großen Holz- und Reisighaufen in der Hecke und hoffte, dass sie in den nächsten milden, feuchten Nächten den Teich des Nachbarn erreichten. Da sie in der Natur kilometerweit zu ihren Überwinterungsgewässern wandern können, sollten sie es eigentlich geschafft haben.

Wenn sie jetzt hoffentlich bald wiederkommen, werden sie ein noch besser ausgestattetes Revier vorfinden. Weil ich kleine Fertigteiche ihrer merkwürdigen Formen und wulstigen Ränder wegen nicht mag, empfahl mir ein Gärtner größere, runde Kunststoffbehälter aus dem Baustoffhandel, die sich bei ihm als begehrte Amphibienreviere erwiesen hatten. Mit etwa einem Meter Durchmesser sind sie klein genug für meinen beschränkten Platz, doch groß genug, um sie auch für Menschenaugen attraktiv zu bepflanzen. Und nach dem Happyend nach fünf froschlosen Jahren hoffe ich jetzt natürlich wieder. Vielleicht zieht ja irgendwann doch noch eine Erdkröte ein?

Das Haus von Dornröschen, oder: Sado-Maso im Garten

»Oh, Sie haben auch Katzen?« Die Dame, die sich in der U-Bahn an mir vorbeizwängte, zwinkerte mir zu: »Ganz schön wild, die kleinen Lieblinge, was?« Ich folgte ihrem Blick: Von meiner Hand bis zum Ellenbogen zogen sich Kratzer aller Längen und Tiefen, die frischen akzentuiert in apartem Jod-Braun. Dazu winzige Stiche, umgeben von kreisrunden Blutergüssen. Einiges an Pflastern und ein feiner Riss im Gesicht rundeten das Bild malerisch ab.

Ja, das waren – wieder mal – meine Lieblinge gewesen. Ziemlich wild sind sie in der Tat, von »klein« dagegen kann nicht die Rede sein: Der größte von ihnen nähert sich inzwischen der Drei-Meter-Marke. Das aparte Muster stammte von *Rosa canina*, der Hunds- oder Heckenrose. Mit einigen größeren Exemplaren dieser bezaubernden Schönheit ein kleines Grundstück zu teilen, erinnert mitunter eher an bizarre Sado-Maso-Spiele als an biedere, gesundheitsfördernde Gärtnerei.

Aber Liebe war es auf den ersten Blick, seit diesem nebligen Novemberabend bei einem Hausbesichtigungs-Termin. Am Eingang des Grundstücks, über wuchernden Sträuchern, die ich als wüstes Konglomerat von Lorbeerkirsche, Berberitzen und Flieder identifizierte, erhob sich ein seltsamer ... war das ein Baum?

So etwas hatte ich noch nie gesehen: sechs kräftige Stämme, die ich kaum mit einer Hand umspannen konnte und die sich über meiner Kopfhöhe gabelten. Darüber so etwas wie ein verfilztes Knäuel Stacheldraht, aus dem einige dünne, gebogene Peitschen ragten. Es war eine Rose, ein Heckenrosen-Baum, und als ich um das Häuschen herumging, fand ich noch drei große Sträucher vor dem Wohnzimmerfenster und einen gekappten Stamm in der alten Ligusterhecke. Nun habe ich eine ausgeprägte Schwäche für *Rosa canina*, für ihre zarten, zwischen Weiß und Rosa changierenden Blüten mit dem leichten Apfelduft, und für die fröhlichen Hagebutten. Und das hier übertraf selbst meine kühnsten Träume. Wenn dieser Baum blühen würde ...

Ich musste ihn haben. Ich musste einfach. Jeder Gärtner wird mich verstehen. Beinahe zitternd wartete ich darauf, den Makler sagen zu hören: »Für derartige Prachtexemplare wird natürlich ein saftiger Aufpreis fällig ...« Doch seltsam: Keiner schien die Heckenrosen auch nur zu bemerken. Bis auf die Dame, die deutlich vernehmbar äußerte: »Das ganze Zeug hier« – ihre verächtliche Handbewegung umfasste alles, was rundum wuchs – »muss man natürlich erstmal wegräumen, bevor der Gartenarchitekt kommt.« Mir wurde übel.

Doch, selten genug: Wunder geschehen. Zwei Tage später gehörten die Rosen mir. Bei Licht betrachtet, ging es ihnen nicht besonders gut. Sie hatten mehr tote Zweige als lebendige. Diese armen Dinger werden sich freuen, dachte ich glücklich, wenn ihnen endlich jemand hilft! Doch – ganz so war es nicht. Als ich schüchtern versuchte, den ersten verdorrten Ast vom Baum zu schneiden, kassierte ich prompt einen messerscharfen Hieb quer durchs Gesicht. Es tat teuflisch weh, und während ich erschrocken die Hand zurückzog, bohrte sich ein dicker Dorn in meinen Arm, und der Zweig riss mir, quasi nebenbei, im Zurückschnellen noch die Brille ab. Es war offensichtlich: Diese Pflanze wünschte keine Vertraulichkeiten.

Dass ausgeprägte Militanz ein Grundzug von *Rosa canina* ist, bekam ich dann deutlich zu spüren. Am harmlosesten war noch der Stamm in der Hecke: Geschwächt durch Hunger und jahrelanges, gnadenloses Absäbeln konnte er meinen Annäherungsversuchen nur einige spärliche Zweiglein entgegensetzen, deren »Dornen« – botanisch korrekt sind es natürlich Stacheln – es nicht einmal durch einen normalen Lederhandschuh schafften.

Ganz anders die drei großen Sträucher. Das Giersch-Roden unter ihnen artete beinahe zum Massaker aus. Schnell und blutig lernte ich, dass es sich nicht empfiehlt, Brille, Wollpullover, zusammengebundene Haare, Schmuck oder gar nackte Haut in die Nähe dieser angriffslustigen Gewächse zu bringen. Binnen kurzem entwickelte ich Kriech-Techniken, die in einer militärischen Grundausbildung der härteren Sorte vermutlich großen Anklang gefunden hätten. Im Badezimmer stand stets ein Fläschchen Jod bereit, und meine Tetanus-Impfung hatte ich schleunigst auffrischen lassen.

Das war auch nötig. Schon bei meinem bloßen Anblick schienen die schönen Wilden die Zweige zu sträuben und sich zum Kampf bereitzumachen. Sie erwischten mich, wo und wie immer sie konnten, und wenn sie dazu bloß einige größere Dornen verstreuten, die sich beim Kriechen in meine Knie bohrten und mich unbedacht hochfahren ließen. Die Sekunden, in denen ich wie angewurzelt gebeugt in der Luft stehen blieb, weil mich einer der grausamen Angelhaken quer durchs Ohrläppchen erwischt hatte, waren die längsten und qualvollsten meines bisherigen Gärtnerlebens. »Dornröschen« kann ich seitdem nicht mehr ohne Schaudern lesen: Allzu gut weiß ich, wie sich die Opfer der berühmten Rosenhecke gefühlt haben müssen. Dennoch: Ich lag *Rosa canina* buchstäblich zu Füßen, pflegte sie trotz aller Gegenwehr und träumte von einem Frühjahr voller seidigrosa, insektenumschwärmter Blüten.

Zunächst aber kam der Herbst, und mit ihm schwerer, nasser Schnee. Eines entsetzlichen Morgens lag mein ganzer großer Rosenbaum quer über die Einfahrt dahingestreckt. Doch, unglaublich genug: nur einen der dicken Stämme hatte es ganz von der Wurzel getrennt, die anderen waren bloß angerissen oder in einem nahezu unmöglichen Winkel gebogen. Ich musste die gesamte Krone opfern, um die Stämme wieder aufzurichten und an Pfosten zu binden. Im Frühjahr zeigten sie die Zähigkeit, die es einigen *Rosa canina*-Exemplaren ermöglicht hat, Jahrhunderte zu überdauern: Vier von ihnen, darunter ein erheblich verletzter, überlebten. Die abgestorbenen verwandelte eine Holzschnitzerin in wunderschöne und stabile Handstöcke.

Der Beinahe-Gau erwies sich letztlich sogar als Vorteil: Jetzt trieb der Baum wunderbar kräftige, lange Äste, die keine Ähnlichkeit mehr mit dem mickrigen Gestrüpp von vorher hatten. Auch die anderen Heckenrosen schlugen unerwartet üppig aus, doch als ich auch in der nächsten Saison wieder reichlich düngte, bekam das den Wildlingen überhaupt nicht mehr. Sie schossen auf, wurden weichlich und pilzanfällig. So müssen sie sich nun mit magerer Kost, mit etwas Kompost, Buchenasche und einem Hauch von Knochenmehl begnügen und gedeihen dabei vorzüglich. Der Stamm in der Hecke, der mit dem gierigen Liguster konkurrieren muss, bekommt ebenso wie der Baum inmitten der Sträucher noch ein zusätzliches kleines Deputat an organischem Volldünger.

Das große Gebüsch verdoppelte sich schon im ersten Sommer, lungerte sperrig auf dem Weg herum und kratzte schon mal drohend am Wohnzimmerfenster. Die Triebe einzukürzen wie bei einer Edelrose hätte *Rosa canina* nur entstellt und ihrer Blüte beraubt, und so entschloss ich mich, auch die Büsche aufzubinden: Im Herbst schnitt ich sie stark aus, band die dicksten Triebe an drei kräftige Pfosten, so hoch ich sie eben binden konnte, und ließ die Zweige von oben herabfallen. Das klingt einfacher, als es war. Schon das Leiter-Aufstellen und Pfosten-Einschlagen in Reichweite der Rosen geriet zum Slapstick, und in den extra dicken Lederhandschuhen hatte ich nicht genug Gefühl, um die Zweige festzubinden. So versuchte ich notgedrungen, das Band mit einer bloßen Hand zusammenzufummeln. Und schon hatten sie mich wieder ...

Doch das Ergebnis konnte sich sehen lassen. Plötzlich reichten wenige Quadratmeter Bodenfläche für einen ganzen Wasserfall aus Blüten und Hagebutten, und da, wo anfangs nur ein düsterer Dornenverhau gewesen war, gab es nun reichlich Platz für attraktive Gesellschaft. Im lichten Schatten gedeihen Teppiche aus Veilchen und Lungenkraut, gesprenkelt mit vielen, vielen Frühjahrs-Zwiebelpflanzen, dazu Akeleien, Glockenblumen und Fingerhüte. Am hellen Rand fühlen sich Türkenbund-Lilien und sogar Wildtulpen wohl, Nachtkerzen sorgen für abendliche Illumination. Clematis finden hier ideale Bedingungen, besonders die kleinblütigen Sorten, etwa die samtige dunkle 'Étoile Violette', deren üppiges Wachstum auch einen akuten Anfall von Sternrußtau gnädig verhüllt. Im Winter leuchten die dicken Hagebutten und locken die Vögel fast bis ins Wohnzimmer. Überhaupt wissen erstaunlich viele Tiere das Nahrungsangebot und den Schutz von *Rosa canina* zu schätzen. Katzen allerdings lieben die Hundsrose manchmal weniger. Im Garten einer Freundin benutzten alle Miezen der Nachbarschaft ihre Beete als Toilette. Kräftiger, gut bestachelter Astschnitt, einfach auf die Oberfläche gelegt, löste das Problem.

Erstaunlich, dass große, aufgebundene Heckenrosen so selten sind. Dabei haben Gärtner immer Hochstämme von *Rosa canina* gezogen – wenn auch nur, um sie zu köpfen und dann zu veredeln. Doch als elegante Wildlinge sind sie mindestens ebenso schön und weit weniger anspruchsvoll. Sie gedeihen noch an Standorten, die die domestizierte Verwandtschaft verschmäht, können Konkurrenz erstaunlich gut standhalten und werden mit den unvermeidlichen Rosenkrankheiten weit besser fertig. Ihre Kronen erfrieren auch in kältesten Winter nicht. Diese Art der Kultur müsste ideal für alle sein, die eindrucksvolle Wildpflanzen lieben, aber keine Bodenfläche für die typischen, voluminösen Heckenrosen-Wälle übrig haben. Allerdings sollte man darauf achten, zum Aufbinden nur sehr stabile Pfosten mit metallenen Einschlaghülsen zu benutzen und sie auf schnellen Zuwachs zu berechnen. Einmal »an der Sonne« treiben die Rosen noch kräftiger als am Boden und werden schnell ziemlich schwer. Einen verrotteten oder zu kleinen Pfahl aus der Mitte eines stattlichen Exemplars zu entfernen, dürfte nur ausgeprägten Masochisten Vergnügen bereiten!

Wenn Rosa canina zunächst ein wenig gebändigt und dann frei gewachsen ist, gibt die hoch aufragende, vitale Wilde einen prächtigen, ungewöhnlichen Blickfang ab. Letztes Frühjahr blieb ein kleines Mädchen auf der Straße stehen, zeigte auf die überschäumende rosa Pracht und rief aufgeregt: »Mama, sieh doch mal – das Haus von Dornröschen!« Das klang überrascht, aber auch ein wenig erschrocken. Ob sie wohl an die Prinzen in der Hecke gedacht hat?

Kastanienhof, oder: Abgesang auf unsere Mohnwiese

Hier in Heide fällt das Frühjahr eher verhalten, um nicht zu sagen: kärglich aus. Überschwängliche Blütenfülle gibt der magere Sandboden nicht her. Der Sommer begann jedoch mit einer Art Wunder, und das gleich um die Ecke. Hinter einer sehr hohen, sehr alten Hainbuchenhecke, neben einer riesigen, prächtigen Kastanie, leuchtete im Juni eine große Fläche feurigen Oranges: Türkenmohn, üppige, wilde Stauden, die trotz einer dicken Grasdecke von Jahr zu Jahr schöner und kräftiger wurden.

Offensichtlich handelte es sich um Pflanzen, die alle »Benimmregeln« für ihre Art nonchalant in den Wind schlugen. Hier hätten sie überhaupt nicht gedeihen dürfen, und erst recht nicht so gut. *Papaver orientale*, ursprünglich auf felsigen Hängen oder trockenen alpinen Matten im Kaukasus, der Türkei und im Iran zuhause, braucht, so heißt es, einen vollsonnigen, durchlässigen, nährstoffreichen Platz und verfault auf schweren, festen oder zu feuchten Böden. An dieser Stelle aber zieht sich eine dicke, schwere Lehmader durch den Sand, hier lagen einst fruchtbare Gärten. Nach dem Abriss der Häuser rundum blieben sie jahrelang sich selbst überlassen, und sie veränderten sich rasch.

Da entstand, auf einem zugeschütteten Keller, eine Art eng begrenzten Trockenrasens. Wie aus dem Nichts erschienen Hasenklee und Skabiosen, Fetthenne und Mauerpfeffer waren schon da. Am Abhang wucherten Klappertopf, Efeu und die gestreifte Japan-Segge wild durcheinander. Heupferdchen zirpten, Bläulinge flogen darüber hin, und einmal sah ich eine Blindschleiche, die blitzschnell unter einem Stapel weggeworfenen Astschnitts verschwand. Wenige Schritte weiter eine tief geprägte Baggerspur, fast immer feucht, von Riedgras, Himbeeren und Haselsträuchern umgeben, Heimat der Grasfrösche und Erdkröten. Die vielen großen, rissigen Obstbäume waren längst von Meisen, Kleibern, Baumläufern und Gartenrotschwänzen besiedelt, darunter wuselten Igel, Spitzmäuse und Kaninchen. Jeden Herbst kamen Schwärme von Drosseln zur Ernte, einmal sogar Seidenschwänze.

Was dieses Areal von Jahr zu Jahr bezaubernder machte, war die verblüffende Kombination aus botanischen Neuansiedlern und den überlebenden Bewohnern der alten Bauerngärten. Da gab es Obstbäume mit Efeu- und Heckenrosenüberwurf, Akeleien und Fingerhüte in ihrem Schatten, ein riesiges, duftendes Geißblatt, das sich durch noch riesigere Haselbüsche wand, und einen zierlichen, aber reich tragenden Mirabellenbaum, der voller Grandezza üppig behangene Brombeerranken in seiner Krone schaukeln ließ. Milchsterne flirteten mit Löwenzahn und Mondviole, Staudenwicken, rosa und weiß, schlängelten sich malerisch durch dicke Horste Johanniskraut. Sibirische Schwertlilien erblühten zwischen Wegerich und Orangerotem Habichtskraut. Inmitten von Gras und Erdbeeren duckte sich, wie schuldbewusst ob ihrer unpassenden Erscheinung, eine schüchterne kleine Rose in einem atemberaubend schrillen Magentarot-Violett. Die dicke, gefüllte Päonie 'Rubra Plena' dagegen erhob ihr samtrotes Haupt mit Würde und Selbstbewusstsein über Bauschutt, Brombeerranken und Brennnesseln.

Doch der Star dieser Gemeinschaft war ganz sicher der feurige Türkenmohn. Jemand muss ihn einst liebevoll gehegt haben, denn die Stauden waren schon kräftig und tief eingewachsen, bevor der wuchernde Grasteppich kam. Nun wurden sie, ungedüngt, ungeteilt und unbekümmert, immer mächtiger und, merkwürdigerweise, auch immer variantenreicher. Da gab es tassengroße und kleinere Blüten, hohe und niedrige, solche mit schwarzen Flecken und solche ohne, Exemplare mit gefransten Rändern und solche, die derart intensiv rot leuchteten, als wollten sie einfach verglühen. Alles verblasste neben ihrem Feuerwerk. Und weit abseits der anderen, unter einem Apfelbaum verborgen und Ton in Ton begleitet von einem Fingerhut, schimmerte eine Staude in seidigem, hellem Rosa mit großen schwarzen Flecken.

Eines Frühjahrs, während wir Forsythien und dunkelvioletten Flieder schnitten, wurde das letzte Häuschen des Viertels abgerissen. Die Vertreibung drohte. Wenn wir überhaupt noch einige der alteingesessenen Pflanzen zu uns holen wollten, eilte es. Und, seltsamerweise: Sie schafften es alle, trotz der ungünstigen Jahreszeit, sogar die Akeleien, von denen es heißt, die Pfahlwurzel ausgewachsener Exemplare gestatte kein Umpflanzen mehr. So kam ich zu dunkelblauen, schwarzvioletten und lavendelfarbenen *Aquilegia vulgaris*, einigen niedrigeren mit grünblauen, gefüllten Blüten und einer seltsamen Sorte ohne Sporn, die ich erst viel später als »Clematisblutige Akelei« in britischen Samenkatalogen wiederfand.

Am meisten lag mir jedoch der herrliche Türkenmohn am Herzen, und einige Pfahlwurzeln, darunter die meiner sanftrosa Favoritin, bekam ich unverletzt frei. Daheim verteilte ich sie einzeln in den Beeten und hielt sie vorsichtig feucht, bis endlich die ersten silbrigen Blättchen signalisierten, dass auch *Papaver orientale* den Umzug lebend überstanden hatten.

Das ist jetzt einige Jahre her, und all die grünen Baggerflüchtlinge haben einen großen Teil meines Gartens erobert. Das Geißblatt klettert an der Hauswand, die Heckenrose schaukelt über dem Liguster, die Staudenwicke rankt durch den Buchsbaum, die Akeleien haben sich enorm vermehrt und gedeihen vergnügt an allen möglichen und unmöglichen Plätzen. Mondviole und Mutterkraut sind einfach mitgekommen, und der Türkenmohn hat zwischen Rosen und Lilien kräftige Stauden gebildet. Ich habe noch eine dritte alte Sorte dazugekauft, 'Perrys White', weiß mit kastanienbraunem Grundfleck, und so sind die klassischen Papaver-Farben komplett. Heute gibt es auch moderne Sorten, gefüllt, gekräuselt und in allen Tönen von Pastell über Lachs, Orange und Rot.

Mein rosafarbener Mohn, inzwischen drei kräftige Stauden, scheint buchstäblich aufgeblüht zu sein, und einer nimmt sogar mit einem etwas schattigeren Platz an der Westseite vorlieb. Zwischen Akeleien, Glockenblumen und Fingerhüten sieht er dort, etwas heller und zierlicher als die Geschwister im Südbeet, fast aus wie eine extravagante Wildpflanze. Der feuerfarbene dagegen hat, bei aller Pracht, doch einiges von seiner betörenden Wildheit eingebüßt. Er wirkt jetzt ein wenig domestiziert, gedämpft, fast so, als sei er ernüchtert, nach seiner rauschhaften Orgie in Freiheit wieder im begrenzten Gartenbeet gelandet zu sein. Doch, leider, so ist das nun mal mit dem Paradies: Irgendwann ist es vorbei.

Das gilt auch für unsere Mohnwiese. Ein Arbeitstag genügte, um die Hainbuchenhecke und alles, was hinter ihr lebte, durch den Schredder zu schicken. Am Abend vorher, buchstäblich unter dem wartenden Bagger weg, retteten wir noch die schüchterne Rose mit der schrillen Farbe. Für sie gab es ein Happy-End im fröhlich-bunten Garten meiner Freundin. Für alles andere leider nicht. Nur ein einziger Baum, die Wurzeln beschädigt, die Krone brutal amputiert, ein jammervoller Schatten seiner selbst, fristet heute ein klägliches Dasein zwischen hohen Wänden. Er muss einem scheußlichen Betonklotz einen romantischen Namen verleihen: »Kastanienhof«.

Zufallsrosen, oder: Liebenswürdige Unbekannte

Freundschaften beginnen oft mit einem Zufall. Das gilt auch für die Beziehungen zwischen Gärtnern und ihren Schützlingen. So etwas ist immer besonders spannend, weiß man doch selten genau, wen man da spontan in sein grünes Reich einlädt. Mit dem, neu deutsch ausgedrückt, »Erlebniswert« einer solchen unverhofften Begegnung kann kein gezielter Einkauf mithalten.

Da war etwa diese gewaltige Kletterrose an der Garagenwand eines Abrisshauses, der meine Freundin Sabine und ich eines Abends begegneten. Es war Mitte Mai, der unten gut armdick verholzte Rosenstock prangte schon in vollem Grün. Seine Wurzeln waren unter Gehwegplatten verborgen, die Basis mit senkrechten Betonkanten nahezu eingesargt. Unmöglich, so etwas auszugraben, anwachsen würde es ohnedies nie mehr. Es dämmerte auch schon, und vor allem: Wir brauchten keine Kletterrosen mehr. Der kränklich klinkergelbe, von Koniferen der Marke »Ruhe sanft« umrahmte Sechziger-Jahre-

Bau verhieß ohnedies keine gärtnerischen Highlights. Bloß – da stand eben dieser widerliche Bagger. Gewaltige Zähne. Und die Vorstellung, dass der morgen früh …

Kurz: Wir gruben sie aus. Die Rose erwies sich als ebenso wehrhaft wie zäh. Die Nachbarn beäugten uns derart missbilligend von ihren besenreinen Balkonen, dass wir jeden Moment mit dem ersten Streifenwagen rechneten. Schließlich hatten wir, erschöpft und zerkratzt, außer einer zerbrochenen Grabgabel wenig mehr in den Händen als eine enorme, rundum kurz amputierte Wurzel. Anklagend baumelten die abgeschnittenen Zweige vom Spalier, sanken die Blätter welk herab, während wir uns mit unserer schweren Beute hastig davonmachten. Wozu bloß? Aus diesem traurigen Relikt konnte wohl kaum noch etwas werden. Wir hätten es genauso gut dem Bagger überlassen können.

Dennoch pflanzte Sabine den Stubben ein, hielt ihn, nach dem Motto: Friss oder stirb, ständig feucht – und das Wunder geschah: Nach verblüffend kurzer Zeit begann der so brutal versetzte Rosenrest kräftig auszuschlagen. Kaum später als sonst blühte er aus jeder Triebspitze, dicke Büschel kleiner, einfacher roter Blüten mit einer weißen Mitte, üppig, aber duftlos. Mit so etwas hätte sich die Gärtnerin normalerweise niemals angefreundet. Doch dieser vitale, fröhliche Findling wuchs ihr im Handumdrehen buchstäblich ans Herz. Das ist auch besser so: Inzwischen macht er nämlich Anstalten, seine Ursprungsgröße in Rekordzeit wiederzuerlangen …

Meiner eigenen »Zufallsrose« begegnete ich eines regnerischen Junitages. Aus einem dichten Berberitzenbusch auf der aus Findlingen geschichteten Friedhofsmauer schimmerte es zwischen rosa und rotkohlfarben: eine kleine, gefüllte Blüte, neben ihr eine tiefrote Knospe. Ein kümmerlicher Rosenstrauch hatte sich im Gestrüpp emporgeschlängelt und blühte jetzt das erste Mal seit Jahren.

Es war eine sehr alte Rose, und es war Liebe auf den ersten Blick. Im Herbst kostete es mich einige Mühe, einen der zahnstochergroßen Triebe aus der eng geschichteten Mauer zu erwischen, aber es lohnte sich. Zwei Jahre später blühte sie auch bei mir. Inzwischen hatte ich noch einen Standort gefunden, eine Thujahecke auf einem sehr alten bäuerlichen Familiengrab.

Ich konnte die Kleine nur bewundern: Sie muss ein Jahrhundert auf dem mageren Heidesand überdauert, Eichenschatten, Killer-Koniferen und rabiaten Heckenschnitten gleichermaßen getrotzt haben. Nebenbei hat sie es auch noch geschafft, mit Ausläufern mindestens zehn Meter weit bis in die Mauer zu wandern und sich dort zu halten.

Ein robustes Gewächs also, doch einem gewissen Service durchaus nicht abgeneigt, wie ich bald mit der Befriedigung der erfolgreichen Gastgeberin feststellte. Lehmigen Boden, Licht und ein wenig Dünger honorierte sie umgehend. Sogar einen Regensommer steckte sie mit relativ wenig Pilzbefall weg. Es gab nur einen Schatten auf unserer aufblühenden Beziehung: Ich kannte ihren Namen nicht.

Anspruchslosigkeit und Wanderlust ließen auf eine Gallica schließen. Auch die leicht überhängenden Triebe, eher mit Borsten als mit Stacheln besetzt und die dunklen, matten, spitzovalen Blätter sprachen für diese älteste aller Gartenrosen. Sie wurde schon von Griechen und Römern kultiviert, im siebzehnten Jahrhundert von Briten, Holländern und vor allem Franzosen in großem Umfang vermehrt. Daher der Name »Gallica«-Rose. In der Boomzeit um 1800 soll es über zweitausend Sorten gegeben haben, die meisten sind längst verschollen. Eine aus der Familie, eine der ältesten überhaupt, lebt schon länger bei mir: die gestreifte 'Versicolor', seit 1583 in Gärten nachgewiesen. Ihr Habitus gleicht dem meiner Zufallsbekanntschaft auffallend.

So weit war es noch relativ einfach, doch als die niedliche Fremde zu blühen begann, wurde es verwirrend. Sie konnte sich einfach nicht für eine Farbe entscheiden. Die kleinen runden, tief dunkelroten Knospen, drei oder vier, standen dicht über dem letzten Blatt und sahen aus wie stumpf abgeschnitten. Die Blüte war größer als am Ursprungsstandort, mindestens 7,5 Zentimeter im Durchmesser, die Blätter ordentlich übereinander zurückgeschlagen, nicht gewirbelt oder geviertelt. Sie begann dunkel rosarot zu blühen, mit einem Stich ins Violette und auffallenden weißen Streifen auf den inneren Blättern, dann wurde sie reinrosa, immer heller, bis sie nach einigen Tagen fast grauviolett verblasste. Die Farbe schwankte je nach Temperatur und Feuchtigkeit deutlich. Das Auffälligste: Die Blüte war marmoriert, ein sanftes, zartes Muster, wie ein verlaufendes Aquarell. Der Duft war süß, aber schwach, und sie blühte lange, doch nur einmal.

Bald stapelten sich die Rosenbücher und -kataloge. Ich verliebte mich in all die wohl klingenden Namen und schönen Geschichten, allein: Mein Röslein fand ich nicht. 'Belle de Crécy'? Der fehlten die Streifen innen. 'Charles de Mills'? Passte zwar in der Farbe, war aber viel zu groß. 'Aimable Rouge', die liebenswürdige Rote? Der Name wäre wirklich perfekt gewesen, aber deren Blüten hatten keine so ausgeprägte Zeichnung. Und so weiter.

In diesem Sommer winkte die Kleine mit noch üppigeren, betörend schönen Blütenzweigen fast ein wenig provozierend vor dem Wohnzimmerfenster. Noch einmal wälzte ich die gesamte Literatur, verglich, verwarf. Eine blieb. War die kleine Bauernrose eine Aristokratin? War es 'Royale Marbrée', die königliche Marmorierte?

Ratlos rief ich eine bekannte Rosenexpertin an. Es gebe gut 6000 Sorten, erklärte sie mir mit einem Lächeln in der Stimme, und selbst sie könne anhand von Fotos oder Blüten keine sicher bestimmen. Doch einen Tipp bekam ich: »Schneiden Sie einen Zweig mit Blüten und Knospen bis auf den Boden ab, fahren Sie damit in ein Rosarium und stecken Sie ihn in jeden ähnlichen Busch. Dann könnten Sie vielleicht Glück haben.«

Vielleicht. Da stand ich hinterher, sozusagen Auge in Auge mit meiner Gallica (oder ist sie etwa doch eine Damaszenerin?!) und überlegte. Sie hatte sechs wunderschöne Blütenzweige, an dreien waren auch noch Knospen, und wenn ich jetzt einen opferte …

Ich brachte es nicht fertig. Hier ging Gartenlust vor Wissensdurst. So wird die Rose von der Friedhofsmauer ihre pummeligen, adretten Blüten vorerst weiter inkognito auf mein Fensterbrett legen. Den wohl klingenden französischen Namen immerhin, den hat sie inzwischen. Ich rufe sie einfach »Aimable Inconnue« – die liebenswürdige Unbekannte.

Schaut, wer kommt da um die Ecke…

Bisher waren wir leidlich miteinander ausgekommen, die großen Nacktschnecken und ich. Ab und zu expedierte ich einige zu hungrige Exemplare in den nahen Park und buchte ansonsten ihr Futter unter »Tribut an die Natur« ab. In diesem feuchten Frühjahr aber, nachdem jener verwilderte Park kahlrasiert und die Schnecken offenbar obdachlos wurden, lernte ich sie fürchten. Zunächst trug ich die Invasion noch mit ökogärtnerischer Fassung, nachdem sie aber, wohl gelangweilt von so alltäglicher Kost wie Akelei, Phlox oder Tagetes, ihr Interesse rareren Pflanzen zuwandten, begann mein Pazifismus allmählich zu bröckeln. Gift kam – und kommt – der vielen anderen Tiere in Garten wegen, nicht in Frage. Auch den militanten Varianten des Schneckenkrieges, etwa nach dem Motto: »Man nehme 100 Schnecken und zehn Liter kochendes Wasser …« war ich zunächst eher abgeneigt. Ein Schneckenzaun ließ sich in der üppigen Vegetation nicht mehr aufstellen, und alles andere interessierte die Viecher nicht. Der Ratschlag, nur gezielt und sparsam zu gießen, nützte erst recht nichts. Es war, wie gesagt, ein feuchtes Frühjahr.

Klagend reckten mir die Türkenbundlilien allmorgendlich ihre schleimigen, angeknabberten Triebe entgegen, jämmerlich standen die kahlen jungen Clematis, und die Tagetes waren eh nicht mehr da. Bei Dauerregen war nichts mit Urgesteinsmehl, mit Asche, Sägespänen oder Tannennadeln zu schützen, und gerade die wenigen Lilien wurden von den Schnecken eindeutig favorisiert. Von mir dummerweise auch. Als ganz fatal erwies sich der Tipp, sie mit abgeschnittenen Joghurtbechern zu umgeben: Einige sportliche Schnecken kamen nämlich hungrig mühelos über das Hindernis, vollgefressen aber offenbar nicht wieder zurück. So fand ich sie morgens in ungestörtem Verdauungsschlaf in den Bechern. Nur gesunde, unversehrte oder wenigstens optisch noch einigermaßen akzeptable Pflanzen, die fand ich immer weniger. Mein Garten ist recht klein, und Nadelbäume und Farne allein sind einfach nicht das, was mir da im Sommer vorschwebt.

Ich begann, mir ernsthafte Sorgen zu machen. Nachdem ich dann auch noch an einem warmen Abend den Kompost inspiziert hatte, entdeckte ich beunruhigende Züge einer fortschreitenden Obsession an mir. Ständig fiel mir ein blöder Vers aus meiner Kinderzeit ein, der begonnen hatte: »Schaut, wer kommt da um die Ecke, das ist Schnucki, unsere Schnecke ...!« Das traf es genau, die Biester waren überall, und ich gewann den Eindruck, von Weichtieren geradezu umzingelt zu sein. Dass mir mitfühlende Verwandte zum Geburtstag eine riesige Terrakottaschnecke – natürlich »Schnucki« getauft – verehrten, machte die Sache auch nicht gerade erträglicher.

Inzwischen tat ich zweimal täglich, was dem humanen Gartenfreund als der Weisheit letzter Schluss geschildert wird: Ich sammelte die Viecher ein und trug sie auf eine etwas entferntere Wiese. Leider kamen sie genauso schnell wieder zurück, in Begleitung zahlreicher netter Artgenossen und so richtig hungrig vom langen Weg heimwärts. Nun galt meine letzte Hoffnung den »natürlichen Feinden«. Deren Reaktion aber fiel ziemlich enttäuschend aus. Fritzchen, der ansässige Igel, zieht die reichlich vorhandenen Kompostwürmer bei weitem vor, die ebenfalls reichlich vorhandenen Laufkäfer wurden mit der glitschigen Invasion nicht fertig, und die früher so hilfreichen Waldmäuse hatte der Marder ausgerottet. Immerhin war da noch der halbzahme Amselvater mit der zahlreichen Nachkommenschaft, der sich gern bei der Futtersuche unterstützen lässt. Der hackte zwar lange mit anerkennenswertem Elan auf dem großen Exemplar, das ich ihm zuwarf, herum, ließ aber schließlich die unattraktiven Einzelteile auf der Terrasse liegen. Minutenlang putzte er sich angewidert den Schnabel, zeigte sich fortan etwas reservierter und widmete sich vorrangig den Erdbeeren. Es war zum Verzweifeln. Wir waren an einem toten Punkt angekommen, die Schleimer und ich.

Bis zu jenem unvergeßlichen Junimorgen. Ich ließ, noch etwas müde, aber voller Gärtnerstolz, vom Küchenfenster aus liebevoll meine Blicke schweifen – und erstarrte. Ganz oben auf meiner schönsten, meiner sorgsam gehätschelten Lieblingslilie, saß eine wohl genährte Wegschnecke und verzehrte mit geradezu aufreizender Beiläufigkeit den allerletzten Rest des üppigen Blütenansatzes. Mit Mühe nur unterdrückte ich einen unartikulierten Aufschrei, riss ein spitzes Küchenmesser aus der Schublade und stürzte zum Tatort – zu spät zwar für die Lilie, aber immerhin rechtzeitig genug ...

Nun begann die Zeit der Massaker. Fortan umschlich ich nächtens Lilien und Clematis, ausgestattet mit einer Kopflampe für Angler, um freie Hände zu haben, und eben jenem spitzen Küchenmesser. Mit diesen etwas bizarren Patrouillengängen sorgte ich zwar für uneingeschränkte Heiterkeit in der Nachbarschaft, und auch die Lilien und die Sonnenblumenkinder freuten sich, denn der Schneckenfraß nahm endlich spürbar ab. So ganz glücklich aber wurde ich meines Erfolges nie. Allein unter Schnecken, im Dunkeln sozusagen Auge in Auge mit einer gut fünfzehn Zentimeter langen, fetten, getigerten *Limax maximus*, verließ mich regelmäßig die mörderische Courage. Was sich in diesem speziellen Fall auch als sinnvoll erwies, denn die großen Egelschnecken sind begeisterte Kannibalen und freuen sich über jedes meiner zahlreichen Opfer. Mir ging es anderes. Nach besonders ergiebigen Jagdausflügen wurde ich in meinen Träumen zunehmend von anklagenden Mollusken heimgesucht. Sommerliche Gartenlust hatte ich mir irgendwie anders vorgestellt.

Um so dankbarer griff ich deshalb zu, als mir neulich in der Buchhandlung ein Bändchen in die Hände fiel, das Schneckengeplagten endlich Abhilfe versprach, die Lösung aller Probleme, »ohne Gift«, versteht sich. Als ich es bezahlte, beugte sich die resolute Buchhändlerin über den Kassentisch und raunte mir zu: »Schere! Zerschneiden!« Etwas zu laut offenbar, denn die junge Frau hinter mir begann zu lachen. »Mein Mann«, so erklärte sie auf unsere erstaunten Blicke, »ist seit einiger Zeit überzeugter Biogärtner. Vorgestern abend habe ich ihn erwischt, als er sich hinter dem Komposthaufen übergeben musste – er hatte gerade seine erste Schnecke zerschnitten. Er tat mir so entsetzlich leid – da habe ich heimlich Gift gekauft ...«

Meine Lieblingsfeindin: Rapunzel in blauer Robe

Frühjahr für Frühjahr ist Survival of the fittest selbst im kleinsten Hausgarten angesagt. Wer kriegt die Beete? Gärtner oder Wildpflanzen? Eine Herausforderung, die dem schlappen Zivilisationsmenschen in derart elementarer Gewalt auf keiner noch so teuren Abenteuer-Selbstfindungstour je zuteil werden wird. Der Anblick kraftvoll durchstartender Winden und Quecken in den geliebten Rabatten ist in seiner Wirkung auf das gärtnerische Adrenalin höchstens mit dem einiger hungriger Nacktschneckenfamilien im Frühbeet vergleichbar. Der würdigste Partner gärtnerischer Selbsterfahrung im ewigen Kampf mit dem Ungezähmten ist jedoch eine Sie, ist sozusagen die Lady unter den Un ... – pardon: unter der Spontanvegetation, hochgewachsen, bildschön in strahlend blauvioletter Robe – und doch von einer Durchsetzungsfähigkeit, die ihresgleichen sucht. Die Rede ist von der Gemeinen Ackerglockenblume.

Zu uns kam sie nicht spontan. Wir zogen sie uns zu, mehr noch, wir verliebten uns in sie. Wir waren ihr erstmals an einem sommerlichen Feldrain begegnet: ein leuchtender Busch schlanker, betörend blauer Blütentrauben. Da lag es nahe, im Herbst, als der Rand des Bestandes beim Pflügen zerrissen wurde, eine Handvoll in den Garten mitzunehmen. Und wie schön blühte die Glockenblume in unserem neu angelegten Staudenbeet. Ein Prachtstück, und wir, gärtnerisch noch ziemlich unbeschlagen, wurden nicht einmal stutzig, als es bald darauf im weiten Umkreis glockenblumenblau schimmerte. Um diese Zeit wurden auch unserem lockeren Sandboden die ersten Algenkalk- und Kompostgaben zuteil.

Genau das war der Moment, in dem meine blaue Favoritin von einer etwas zu spontanen Spontanvegetation zum alles niederwalzenden Unkraut mutierte. Eines schönen Frühjahrsmorgens war das ganze Beet mit einem lückenlosen Teppich ihrer herzförmigen Blätter überzogen. Nachdem ich Löcher in das üppige Einheitsgrün gerupft hatte, kamen einige mickrige, irgendwie verstört wirkende Pflanzen zum Vorschein. Selbst rustikale Arten wie die Sommermargerite konnte man förmlich nach Luft ringen hören. Ich entfernte körbeweise Glockenblumenblätter. Ich zupfte kleine Wurzeln, ich verfolgte größere zwischen den Stauden mit einer Fingerfertigkeit, die jedem Chirurgen Ehre gemacht hätte. Es war zu spät. Abends kroch ich erschöpft ins Haus, morgens erschienen auf jedem offenen Fleck winzige Blättchen. Herzförmige.

Im Herbst hob ich einige Stauden auf, verfolgte die fadendünnen Wurzelstränge der Glockenblume darunter weiter in die Tiefe. Und dort traf ich sie: dicke, karottenförmige weiße Wurzeln, die unglaublich tief in den Boden ragten. Hier hatten sie bequem alle Attacken überlebt, sich mit vollen Vorratsspeichern für eine Belagerung gerüstet und entsandten an Wurzel-Nabelschnüren unermüdlich ihren Nachwuchs an die Oberfläche. Ich zog eimerweise kleine Rübchen und ellenlange, verschlungene Alraunen in bizarren Formen. Aber die Glockenblume hatte ihre lange verfolgungsfreie Zeit genutzt. Ihre

Nester saßen unter den Büschen, hatten die Plattenwege unterminiert und unterhielten ein gut ausgestattetes und völlig unangreifbares Hauptquartier unter den riesigen alten Herbstastern.

Wen, um Himmels willen, hatten wir uns da bloß ins traute Heim geholt? Wir hätten es wissen können, denn die Pflanze trägt einen bezeichnenden Namen: *Campanula rapunculoides*. Abgesehen von ihrer unglaublichen Expansionsneigung ist die unterirdisch arbeitende Rapunzel übrigens ein durchaus erfreuliches Unkraut: Sie brennt nicht wie Nesseln, sie stinkt nicht wie Giersch, sie ist kein angriffslustiges Ungeheuer wie die Herkulesstaude. Ihre Blüten sind schöner als die der meisten Kulturpflanzen, und es ist durchaus ein Erfolgserlebnis, wieder eine der dicken Alraunen unversehrt aus der Erde extrahiert zu haben. Nur – ich hätte eben gerne auch noch irgend etwas anderes im Garten gehabt.

In diesem militanten Stadium unserer Auseinandersetzung träumte ich abwechselnd von einem rabiaten Totelherbizid, von Säure, Feuer, Dynamit und Kernspaltung. Dann sah ich sie auch auf dem Wochenmarkt, im Sortiment einer Staudengärtnerei. Als Zierpflanze. Auf ihrem Sortenschild fehlte der dringend angebrachte knallrote Warnhinweis, und der Verkäufer hatte natürlich noch nie etwas von der expansiven Tendenz der hübschen Beetstaude gehört. Auch in einem ansonsten sehr empfehlenswerten Buch über Wildpflanzen im Garten fand ich den Hinweis »Verdrängt Nachbarn nicht«. Hatte etwa nur ich allein eine mörderische Mutante erwischt?

Hatte ich natürlich nicht. Ich hatte stattdessen einer konkurrenzstarken Überlebenskünstlerin Platz, Licht und Nahrung im Überfluss geboten, und sie hatte mir im Kleinen gezeigt, was Goldrute, Herkulesstaude und andere im Großen vorführen. Sie hatte, unbedacht auf günstiges Terrain gebracht, ihre Chance genutzt. *Campanula rapunculoides* verdrängt zarte Gartennachbarn übrigens tatsächlich nicht. Das hat sie auch nicht nötig. Sie erstickt sie ganz einfach unter ihren zahllosen Blättern. Dass ich mit meinem »Glockenblumenschicksal« nicht ganz allein dastand, erfuhr ich wenig später von einem distinguierten Hanseaten, der Rapunzel ebenfalls zu lange unbeaufsichtigt in seinen Anlagen beherbergt hatte. Inzwischen, so erzählte er mir, habe er sie mit einem Spargelstecher einmal rund um seinen Garten verfolgt. Resultat: ein schlappes Unentschieden. An ihrem Ursprungsplatz in unserer Nähe dagegen, an jenem Feldrand zwischen einer festen Grasnarbe, hat sie bis heute kaum zulegen können.

Eines war mir inzwischen völlig klar: *Campanula rapunculoides* war wesentlich fitter als ich. Einen Kampf bis zum bitteren Ende würde sie spielend überleben, während ich mit einem Bandscheibenvorfall das Gärtnern aufgeben würde. Ohnehin hatte ich längst begonnen, ihre Lebenskraft widerwillig zu bewundern. So lehrte sie mich schließlich neben dem Kampf ums Dasein auch die Kunst des Arrangements, des Gleichgewichts der Kräfte im Gartenbeet. Wo es geht, wird sie unnachsichtig bis in die Tiefe verfolgt, und langsam, ganz, ganz langsam, scheint der Nachwuchs im Frühjahr spärlicher zu werden. Natürlich lauert sie weiter sprungbereit in der Nähe unter den alten Astern. Wo ich nicht graben kann, rode ich im Frühjahr einmal den Blattteppich, um ihren Nachbarn Luft zu verschaffen. Wenn die die Glockenblume überwachsen haben, ist die Gefahr vorüber. Übrigens lieben die Schnecken ihre Blätter, eine der wenigen wirklich positiven Eigenschaften, die man der großen roten Wegschnecke nachsagen kann. Ansonsten lasse ich die Glockenblumen, die es trotzdem geschafft haben, blühen, freue mich an den wunderbaren Trauben und pflücke sie vor der Samenreife.

Vor einigen Wochen bin ich umgezogen und habe nun einen kleinen, vernachlässigten Garten zu kultivieren. Während ich Giersch grabe, ertappe ich mich immer wieder dabei, in den langweiligen Wurzelteppichen nach den vertrauten Alraunen zu suchen. Mir fehlt das strahlende blaue Leuchten von Juni bis August, fehlen die schlanken Stängel meiner Lieblingsfeindin, die, eng an irgendeinen Busch geschmiegt, mal wieder triumphiert hat. Inzwischen bin ich ja auch wesentlich klüger geworden. Ich würde sie natürlich streng beaufsichtigen. Neulich habe ich sie wieder auf dem Wochenmarkt gesehen. Als Zierpflanze. Verdrängt Nachbarn nicht …

Von Kümmel, oder: wem mein Garten wirklich gehört

IGITT!! Nicht schon wieder! Dieser **** (zensiert) Köter! Ich liebe es, mit den Fingern in der wunderbar lockeren Komposterde im Rosenbeet zu wühlen – jedenfalls so lange, bis ich auf irgend etwas sehr Unangenehmes stoße, das sich, bestenfalls, als grünlich überlaufener Kalbsknochen entpuppt. Kümmel hat Vorräte gebunkert. Sie bevorzugt Fleisch in einem Zustand, der jeden Gerichtsmediziner in professionelles Entzücken versetzen würde, ahnungslos tagträumend hineinfassenden Gärtnern jedoch ein Trauma fürs Leben verpassen kann. Nicht etwa, dass Miss K. nicht ganz genau wüsste, wo gebuddelt werden darf, und vor allem, wo nicht. Mangelnde Intelligenz ist so ziemlich das letzte, was man meiner kleinen Terrierhündin nachsagen könnte. Regeln dieser Art interpretiert sie jedoch gern ebenso logisch wie eigenwillig: In Verbotszonen besser nur heimlich!

So hat unser Garten oft makabere Ähnlichkeit mit einem hastig verlassenen Verbrechensschauplatz: Hier wäscht ein Regenschauer ein schnell verscharrtes, knochenbleiches Gelenk frei, da türmen sich mysteriöse längliche Hügel, dort schleicht ein weißer Schatten mit irgend etwas sehr Fiesem im Maul Richtung Terrassentür und Wohnzimmerteppich, gefolgt von unzähligen erwartungsfrohen Fliegen und dem Zorngebrüll der Gärtnerin. Ertappt, kommt Kümmel sofort an, wedelt zwar begütigend, was das Schwänzchen nur hergibt, wirft mir aber gleichzeitig über dem anrüchigen Snack den zutiefst fassungslosen und tragischen Blick einer von menschlichem Unverstand gequälten Kreatur zu. Wer müsste da nicht lachen? Das mag vielleicht pädagogisch unklug sein, ist aber besser so, denn das Leben mit einem Jack Russell erfordert reichlich Humor, wenn man langfristig im Vollbesitz seiner Nerven bleiben möchte. Man muss diese »Gangster im Clownskostüm«, wie eine renommierte britische Züchterin sie nennt, nehmen, wie sie sind, oder man wird nie glücklich mit ihnen. Dieser Hund hat eine Menge Vorzüge, nur den einen nicht: Klein ist hier absolut nicht gleich bequem.

Kümmel saß eines Tages buchstäblich auf meiner Schwelle, kurz nachdem meine wunderbare junge Airedalehündin einem Giftköder zum Opfer gefallen war. Freundin Sabine setzte sie dorthin, verbunden mit dem hinterhältigen Angebot: »Sag einfach, dass du *die* nicht willst – dann behalte ich sie.« Ich werde ihr ewig dankbar sein, denn natürlich wickelte mich die halbjährige Handvoll in Rekordzeit um die weißen Pfoten. Ich habe nie mit einem ähnlich charmanten Tier zusammengelebt – und nie mit einem ähnlich anspruchsvollen. Ein guter Jack Russel ist, zuerst, zuletzt und jederzeit, ein Hochenergie-Arbeitshund. Seine angestammte Aufgabe ist es, einem Fuchs, einem gleich großen, sehr gefährlichen Gegner also, in enge unterirdische Röhren zu folgen, und ihn, unter Dauergebell, aus dem Bau zu jagen. Die Freizeit füllt er vorzugsweise mit Nagetierfang in Pferdeställen. Kein Hund für jedermann also: In einer täuschend niedlichen Verpackung stecken extremer Jagdtrieb, unermüdliches Temperament und eine ausgeprägte Mitteilungsfreude.

Andererseits liebt der selbständige Dickschädel seine Menschen so innig, dass selbst kernige angelsächsische Jagd-Machos ernsthaft empfehlen, den vierbeinigen Landsmann mit im Bett schlafen zu lassen. Er brauche das. Ganz sicher braucht er ein ungewöhnlich großes Maß an Kontakt, Zuwendung, Bewegung, und Beschäftigung, sonst wird er zum Albtraum. Wenn seine Energie keine Aufgabe bekommt, sucht er sich eine: Dauerkläffen, Hyperaktivität oder Möbelzernagen sind da als Frustabfuhr sehr beliebt. Vom Zur-Strecke-Bringen der Hauskatze, die allzu exakt ins Beuteschema passt, sind die leidenschaftlichen Jäger übrigens, Ausnahmen bestätigen hier leider nur die Regel, langfristig ohnehin schwer abzuhalten.

Unumgänglich für das Leben mit einem Jack Russell ist ein hoher (und teurer) Gartenzaun, der auch gegen unterirdische Ausbrüche gut gesichert ist. Was mein Airedale problemlos respektierte, war für den 30-cm-Zwerg im Eichhörnchen-Jagdfieber schlicht nicht vorhanden. Ist das Revier jedoch sicher eingezäunt und der Gärtner nicht allzu penibel, ist ein fröhlicher, kreativer, ewig beschäftigter Hund von der Größe eines mittleren Blumentopfes auch als Begleiter beim Gartenspaß ideal, vor allem für ein so kleines Gärtchen wie meines. Kümmels Pfötchen richten kaum Schaden an, und so kann ich auch die Wege noch weiter zupflanzen. Wenn ich sie in den verbotenen Rabatten erwische, schlängelt sie sich elegant hinaus, ohne eine einzige Blume zu knicken. Mit auf den Liegestuhl passt sie sowieso, vorausgesetzt, sie hat überhaupt Zeit. Selbst ihr Name harmoniert mit der Botanik, wenn sie ihn auch nicht deshalb, sondern wegen der kümmelförmigen schwarzen Sprenkel in ihrem Fell bekam. Nur an eine ihrer Macken kann ich mich nie ganz gewöhnen: Sie futtert, wenn sie ihn erwischen kann, pelletierten Rinderdung wie ich Salzlakritz, spuckt ihn aber später im Haus immer exakt da aus, wo ich auf Strümpfen vorbeikomme ...

Dass Miss K. mehr kann, als mit gezielt eingesetztem Kindchen-Schema-Charme Nachbarn zum Füttern abzurichten, bewies sie, als die Ratten kamen. Mein gehätscheltes Schoßtier mutierte jäh zum Sekundentod auf Pfoten und brachte mit verblüffender Präzision ein halbes Dutzend der lästigen Nager zur Strecke. Unvergesslich jener milde Abend, an dem ich spät noch die Lilientöpfe goss. Als Wasser in einen großen Übertopf lief, passierte in Sekundenbruchteilen zweierlei: Etwas Dunkles schnellte senkrecht in die Luft, und dann, hoch oben, schlug ein weißer Blitz ein. Bevor ich irgendwie reagieren konnte, war die große Ratte schon tot. Ich gestehe: Ich hätte gern die Flucht ergriffen, doch selbstverständlich kenne ich die erste Pflicht des Terrierbesitzers: Lob den tüchtigen Jäger – wer deformierte Nager nicht erträgt, hat eindeutig den falschen Hund!

Diese Rattensaison war für Kümmel der Inbegriff artgerechter Terrierhaltung, zumal zur ungehinderten Jagd auch noch das strenge Kompostbuddel-Tabu fiel. Im Nu konnte sie den Schnellkomposter-Deckel mit der Nase aufstoßen, um hineinzuspringen. Irgendwann schlich sie dann, dekoriert mit halbverotteten Bananenschalen oder schmierigen Porreeresten, durch die Terrassentür und hopste entspannt aufs helle Sofa. Sich senkrecht auf den Boden der großen Kompostkisten durchzuwühlen, eine Fontäne aus Humus und verstörten Regenwürmern über sich, ist für sie ohnehin Inbegriff der Gartenfreude. Ich sehe das Aufräumen hinterher etwas anders, aber was soll's? So wird der Kompost wenigstens regelmäßig gelüftet, und ich wusste schließlich vorher, dass es einiges Engagement kostet, mit Haut und Haar, Haus und Garten Eigentum eines »real Jack Russel« zu sein!

Himmelblaue Frühaufsteherin: Wegwarte

Ich bin wohl keine typische Gärtnerin. Mit dem Aufstehen in goldner Morgenstund' jedenfalls habe ich eher wenig im Sinn. Einen schönen Abend ziehe ich dem Frühtau allemal vor, und erst recht einer der raren warmen Sommernächte. Wenn die Nachtkerzen leuchten und die Lilien duften, würde ich am liebsten überhaupt nicht mehr ins Haus gehen. Dass ich dennoch gerade im Juli oft schon bei Sonnenaufgang, gähnend und gespannt, einen kurzen Blick aus dem Fenster riskiere, zeigt das Ausmaß meiner Ungeduld: Blitzt da nicht endlich dieses unvergleichliche Blau zwischen den weißen Rosen hervor? Diese meine Favoritin ist nämlich Frühaufsteherin par excellence: *Cichorium intybus*, die Gemeine Wegwarte.

Im ersten Sommer hier sah ich sie im Garten nebenan, eine überwältigende Woge strahlenden Himmelblaus, vom Morgenwind gekräuselt, von Insekten umschwärmt. Meine Nachbarn jedoch standen ihrer vielbewunderten Pracht schon etwas reservierter gegenüber, hatte sich doch *Cichorium* bei ihnen sozusagen unter Vortäuschung falscher Tatsachen eingenistet. Zwei winzige Exemplare von einem dörflichen Pflanzenmarkt waren es gewesen, so niedlich, so sittsam, so schüchtern, als könnten sie kein blaues Wässerchen trüben. Doch einmal in lockere, nahrhafte Erde gesetzt, verankerten sie ihre stabile Pfahlwurzel, rückten die gezähnten Blattrosetten behaglich zurecht – und legten so richtig los. Binnen weniger Jahre zeigten sie der staunenden Umgebung, was ein vermehrungsfreudiger Wildling unter guten Bedingungen zu leisten imstande ist. Da ihre Gastgeber meine Vorliebe für exzessives Pflanzenwachstum nicht völlig teilen, hielt sich ihre Begeisterung bald in weit engeren Grenzen als ihr Wegwartenbestand. Der wird jetzt immer mal wieder energisch dezimiert, sehr zu meiner und anderer Gärtner Freude: Bald durfte auch ich ein ganzes Büschel Wegwarten-Babys nach Hause tragen.

Inzwischen bewohnt *Cichorium* in einigen dicken Horsten die grasigen Randstreifen meiner Beete und hat sich für diesen Standort, den sie nach der Zwiebelpflanzen-Saison nur noch mit Nachtkerzen teilen muss, als Idealbesetzung erwiesen. Sie ist nicht so ausladend wie die stämmigen Kerzen, sondern bereit, mit allem rundum in Harmonie zu leben. Ihre schmalen, bis zu gut einem Meter hohen Stängel mit den filigranen Blütensternen sind zwar schon ein Blickfang für sich, wollen aber dennoch ihre Nachbarn nicht dominieren, sondern eher mit ihrem betörenden Blau ergänzen.

Selbst die edlen großen Trompetenlilien, die sich sonst lieber mit niederem Fußvolk umgeben, schätzen ihre Gesellschaft. Wenn die noblen weißen Blüten von *Lilium regale* zwischen blauen Sternchen hervorschimmern, wirken sie vielleicht nicht mehr ganz so kühl, dafür aber um so attraktiver. Einen ungewöhnlichen Blickfang bot die morbide, grauviolette 'Pink Perfection', als Solitär über einem Schleier fröhlicher Wegwarten aufragend.

Auch für später- oder öfterbühende Strauchrosen ist *Cichorium* ein wunderbarer Partner: graziös verhüllt sie die Unterseiten großer Rosenbüsche und verträgt sich mit Blüten nahezu jeder Farbe. Für Rosenbeete ist sie ohnehin ein doppelter Gewinn, belebt sie sie doch auf zweifache Weise: Sie bewirtet auch all die Insekten, die gefüllten Rosenblüten oft nur wenig abgewinnen können. Wegwarten sind wie geschaffen für winzige Gärten, deren Besitzer weder auf Rosen- und Lilienpracht noch auf Schönheit und ökologischen Wert von Wildpflanzen verzichten möchten. Ganz »einheimisch« ist die Wegwarte zwar streng genommen nicht – ihre Urheimat liegt im Mittelmeerraum –, doch ist sie seit Jahrhunderten wild wachsend ansässig Mit ihrer Pfahlwurzel beansprucht sie nur wenig Bodenfläche, notfalls nur eine Pflasterfuge, und ihre Ansprüche stehen in keinem Verhältnis zu ihrem strahlenden Effekt.

Einem Effekt, der sich sogar noch steigern lässt: eine *Buddleja* 'Royal Red', umgeben von Wegwarten und Nachtkerzen, hat sich hier als Tiermagnet erwiesen. Sogar die Vögel haben dieses Angebot genutzt, oft mehr, als mir lieb war: Sie quartierten sich einfach auf der Buddleja ein und sammelten, was reichlich anflog. Nachts kamen die Fledermäuse, denn Buddleja und Kerzen sorgten für Rund-um-die-Uhr-Versorgung. Wegwarten dagegen haben feste Ausschank-Grundsätze: Nachmittags nie! Sie öffnen ihre Sterne mit dem ersten Morgenlicht und schließen gegen Mittag. Auch Regen können sie nichts abgewinnen, bleiben lieber geschlossen und greifen auf Selbstbestäubung zurück. Ohnehin sind sie ungemein robust und überlebenstüchtig: Die Pfahlwurzel reicht tief in die Erde, die Stängel sind extrem zäh, die Blattrosette schmiegt sich im Jugendstadium flach an den Erdboden, und bitter sind sie außerdem.

Genau dieser Bitterstoffe wegen ist *Cichorium* bei einigen Fressfeinden beliebt, in erster Linie bei Menschen. Ihre jungen Blätter geben einen stoffwechselanregenden Salat, und besonders begehrt war die dicke Pfahlwurzel: Sie wurde, getrocknet und geröstet, zu Zichorie verarbeitet und war als »Muckefuck« ein verbreiteter Ersatz für teuren Bohnenkaffee. Zichorie war so gefragt, dass vor dem Ersten Weltkrieg allein im Deutschen Reich auf über 6 000 Hektar Ackerfläche *Cichorium* angebaut wurde. Heute, in Zeiten billigen Kaffees, ist der legendäre Muckefuck fast vergessen. Populär dagegen sind die im Dunkeln vorgetriebenen Blattrosetten veredelter *Cichorium*-Arten: als Chicoreesalat. Auch eine Verwandte machte als Salatpflanze Karriere: *Cichorium endivia*, besser bekannt als Endiviensalat.

Ein rundum erfreulicher Gartengast also, nur in punkto Vermehrung zeigte sich das blaue Wunder bei mir weniger kooperativ, als ich gehofft hatte. Platz und Licht sind hier nun einmal begrenzt, und dass die jungen Blattrosetten immer genau da auftauchen, wo ich sie partout nicht stehen lassen kann, bedarf Gärtnern gegenüber wohl keiner Erwähnung. So grabe ich sie denn vorsichtig aus, setze sie – natürlich – an den Weg und denke darüber nach, wie schön es wäre, wenn sie bei mir auch so verschwenderisch aufschössen wie nebenan ...

Dass *Cichorium* nämlich sehr wohl könnte, wenn sie nur wollte – und zwar dann, wenn sie bekäme, was sie möchte, – das zeigt sie mir jeden Herbst aufs Neue. Leere ich die Pflanzkübel, die in der Sonne gestanden haben, finde ich in lockerer, nahrhafter Erde lange, weiße Wurzelfäden, die sich keck um Lilienzwiebeln und durch Tomatenballen schlängeln: viele junge Wegwarten auf der Suche nach dem idealen Platz fürs Leben.

Hast du nicht Lust, meine Nachtkerzen-Show anzusehen?

Sie kam in unsere kleine Straße, lange, bevor ich hierherzog. Sie reiste inkognito, als Prise brauner Samen, in einer Handtasche verstaut und bei einem fröhlichen Kaffeeklatsch weitergegeben. Zu mir kam sie dann vor zwei Jahren im Spätherbst, als meine Nachbarin mit einem sperrigen braunen Bündel Samenstände am Zaun stand. Die Nachtkerzen hätten sich so enorm vermehrt. Ob ich nicht auch welche haben wolle?

Oenothera biennis, die Zweijährige oder Virginische Nachtkerze, die da so formlos bei mir einzog, hatte schon eine lange und steile Karriere hinter sich. Sie war 1612 aus Nordamerika importiert und zunächst im Botanischen Garten in Padua, dann in Hausgärten kultiviert worden, vor allem um der möhrenartigen, essbaren Wurzel und der ölhaltigen Samen willen. Doch dank ihrer üppigen Fruchtbarkeit entkam Oenothera den menschlichen Fressfeinden spielend. Einmal frei, krempelte die robuste Amerikanerin sozusagen die Ärmel auf und breitete sich zusammen mit ihrer kleineren Verwandtschaft schnell über ganz Europa aus. »Alle Arten«, hieß es übereinstimmend in meinen Gartenbüchern, »brauchen Sonne und durchlässigen Boden.«

Ich hatte weder das eine noch das andere zu bieten. Doch wer sich unter allen möglichen Bedingungen, von Italien bis nach Skandinavien, derart expansiv gezeigt hatte, dass er als »lästiges Unkraut« bezeichnet wurde, der konnte eigentlich nicht übertrieben pingelig sein. So ging ich einfach einmal rund um Haus und Garten, schüttelte die trockenen Fruchtstände und ließ die Samen zu Boden rieseln.

Im nächsten Frühjahr zeigten sich überall schmale, silbriggrüne Blättchen, die zunächst an Weidenblätter erinnerten und sich zu stattlichen Rosetten auswuchsen. Einige von ihnen versetzte ich auf die halbwilden Randstreifen meiner Beete. Da die Nachtkerzen-Kinder trotz des Lehmbodens früh ihre typische Pfahlwurzel entwickelt hatten, schmollten sie zunächst hängeblättrig vor sich hin, aber reichliche Wassergaben ließen sie bald wieder gesund und kräftig dastehen.

Dann kam dieses Frühjahr, und ich begann zu staunen. Zunächst darüber, dass meine Nachtkerzen offenbar nicht die gleichen Botaniker konsultiert hatten wie ich. Sie dachten überhaupt nicht daran, sich mit der angegebenen Höchstgröße von 60 bis 150 Zentimetern zufriedenzugeben. 1,50 Meter hatten einige schon Anfang Juni überschritten, lange bevor sie blühten, und ich band sie vorsichtshalber an Metallstäben fest. So, wie sie vielarmig ausladend um sich griffen, bestand auch wenig Hoffnung, dass es bei dem angegeben halben Meter Breite bleiben würde.

Erfreulicherweise zeigten auch fast alle Nachtkerzen eine souveräne Gleichgültigkeit gegenüber ihrem teilweise sehr ungünstigen Standort. Am schönsten waren die beiden riesigen Exemplare, die sich im Schatten der Weigelie und aus den üppigen Heckenrosen-Schleppen hochgekämpft hatten, dicht gefolgt von einer kräftigen Gruppe ausgerechnet auf der windigen Nordostseite zwischen Hecke und Haus.

Bald begannen sie, ihre grünen Kerzen aufzustecken, und dann, an einem Abend etwa Anfang Juli, erlebte ich das Wunder. Als ich in der späten Dämmerung vom Hundespaziergang zurückkehrte, empfing mich direkt hinter der Gartenpforte ein schimmerndes, weithin leuchtendes und dennoch sanftes Zitronengelb. Duftwolken hingen in der warmen Abendluft, Insekten und Nachtschmetterlinge umschwirrten viele große, knittrig-zarte Blütenteller, die vor einer halben Stunde noch nicht dagewesen waren. Und überall rundum glänzte, duftete und schimmerte es weithin sichtbar. Der ganze halbdunkle Garten schien zu glühen wie unter dem milden Schein großer Kandelaber. In den schweren, schwülen Duft der Königslilien mischte sich ein leichteres Parfüm. Die Nachtkerzen hatten ihre Illumination begonnen.

Am nächsten warmen Abend, neugierig geworden, bemerkte ich unversehens Bewegung überall im Nachtkerzen-Gestrüpp. Die grünen Deckblätter der spitzen Knospen sprangen plötzlich zurück, die Blüten entrollten sich. Nicht unmerklich langsam wie bei den meisten Pflanzen, sondern sozusagen im Zeitraffer. Zunächst drehten sie sich so weit, dass sie aussahen wie eine winzige Schiffsschraube, dann, etwas langsamer, öffneten sich die vier Blütenblätter und enthüllten den Griffel und die pudrig-gelben Staubgefäße.

Ich hatte die Nachtkerzen-Show entdeckt, und ich konnte mich nicht sattsehen daran. Freunde verblüffte ich abends mit einem eiligen: »Ich ruf' dich wieder an. Ich muss erstmal die Nachtkerzen sehen« oder einer Live-Reportage aus dem Wohnzimmerfenster. Um nicht noch mehr in den Ruf ausgeprägter Exzentrik zu geraten, lud ich bald zur abendlichen Vorstellung ein, und siehe da: Die meisten Gäste waren ebenso fasziniert wie ich und dehnten Besuche gern bis »nach den Nachtkerzen« aus.

Das begeisterte Publikum schien meine Kerzen allabendlich zu Höchstleistungen anzuspornen. Vielleicht taten auch die Kannen mit Wasser und einem Schuss Kräuterjauche, mit denen ich mich nach dem großen Auftritt diskret bedankte, das Ihrige. Schließlich wollte ich meine Gartenstars für eine ganze Saison in Form halten! Wie viele Primadonnen erwiesen sie sich bald als launisch. War das Wetter schön warm, hob sich der Vorhang pünktlich, der Auftritt ließ nichts zu wünschen übrig und war nach zwanzig Minuten vollendet. Bei Regen zogen sie den großen Moment mit der Dämmerung vor und brauchten viel länger zum Aufgehen. Dafür dufteten sie an feuchten Abenden besonders schön. Dramatisch war ihr unverhofftes Erscheinen vor Gewittern: Schwefelgelb und beinahe unheimlich intensiv standen die Blüten plötzlich unter dem düsteren Himmel. Nur kaltes Wetter mochten die Kerzen überhaupt nicht: Dann brauchten sie ewig, blieben gelegentlich stecken und wirkten irgendwie missmutig.

Inzwischen las ich den Rat, *Oenothera biennis* dicht an die Terrasse zu pflanzen, um sie möglichst bequem vom Liegstuhl aus beobachten zu können. Wir haben, nach der Erfahrung dieses Sommer-Festivals, einen viel besseren Vorschlag: Verteilen Sie sie zwanglos im Garten und lassen Sie sich beim abendlichen Gang buchstäblich rundum erleuchten. Tagsüber sehen Nachtkerzen mit ihren verwelkenden Blüten sowieso nicht besonders attraktiv aus. Etwas zurückgezogen können sie sich viel besser auf die große Gala vorbereiten. Die schlappen Blüten des Vortages sollten Sie natürlich möglichst abpflücken! Mit lustlos herunterhängenden alten Klamotten kann keine Diva strahlen, und so viel Zuwendung darf so viel Schönheit allemal verlangen.

Ein Teil meines Nachtkerzen-Nachwuchses wird, wenn die Saison hier beendet ist, weiterreisen. Interessante Engagements bei neu gewonnenen Fans stehen in Aussicht. In zwei Jahren dann werden sie dann hoffentlich auch bei vielen Freunden in der Dämmerung ihr sanftes Licht leuchten lassen.

Oenothera biennis und ihre Verwandten sind ja nicht nur hinreißend schön. Nützlich sind sie auch, nicht nur in ihrem angestammten Metier als Nutz- und Heilpflanze, das ihnen den uneleganten Beinamen »Schinkenkraut« einbrachte.

Heute bieten sich ihnen – und uns – da noch ganz andere Möglichkeiten. Für einen vielversprechenden Sommerflirt zum Beispiel müssten sie ideale Komplicen sein, zumal sie, anders als etwa Rosen, bevorzugt zu besonders romantischen Tageszeiten auftreten: »Hast du nicht Lust, meine Nachtkerzen-Show anzusehen ..?« So eine originelle Einladung sollte doch jede traditionelle Briefmarkensammlung um Längen schlagen!

Dominantes Doldengewächs: Giersch

Da war er endlich, der heiß ersehnte eigene Garten! Doch, zugegeben, in diesem August vor sechs Jahren entsprach er noch nicht ganz meinen Vorstellungen. Von der Hauswand bis zum Nachbarzaun erstreckten sich etwa hundert Quadratmeter matten Grüns, flächendeckend, Blatt an Blatt, nur aufgelockert von einigen vorwitzigen Spitzen Quecke. Der Giersch – in manchen Gegenden besser als Geißfuß bekannt – war lange vor mir dagewesen, und er hatte seine Chancen genutzt.

Früher, im Zeitalter überwiegend theoretischer, alternativer »Im Einklang mit der Natur«-Träume, hätte ich das vielleicht gar nicht so schlimm gefunden. Hatte ich doch in einem besonders fundamentalistischen Werk gelesen, dass man jede »Spontanvegetation« irgendwie als »vollwertiges Mitglied der Pflanzengemeinschaft zu achten« hätte. Das klang logisch, doch erste grundlegende Zweifel kamen mir, als ich junge Gierschblätter als »leckeren« Salat zu genießen versuchte. Sie waren exakt so lecker wie das welke Möhrenkraut, das ich einmal in kindlicher Neugier angeknabbert hatte. Sollte es stimmen, dass die Legionen Roms Giersch einst als Gemüse über die Alpen mitbrachten, so kann ich mich da nur Obelix' sprichwörtlichem Stoßseufzer anschließen: Die spinnen, die Römer!

Vor allem, wenn man auch noch die Spätfolgen dieser antiken Salatküche bedenkt, und mit denen musste ich nun fertigwerden. Ich war durchaus bereit, den Giersch zu achten, schon ob seiner phänomenalen Durchsetzungsfähigkeit, die ihm weit nachhaltigere Eroberungsfeldzüge ermöglicht hat als allen Legionen Roms zusammen. Als Monokultur wollte ich ihn deshalb aber doch nicht. Mir schwebte da allerdings eine andere Lösung vor als jener Dame, die ich im Gartencenter lautstark und herrisch nach einer möglichst rabiaten chemischen Keule verlangen hörte, um Giersch & Co niederzumachen. Vergeblich versuchten das entnervte Personal und einige Kunden, sie zur Rücksicht auf wertvolle Sträucher zu bewegen, die einer derart brachialen Kur ebenfalls zum Opfer fallen müssten. Die Antwort, wörtlich zitiert: »Ist mir doch scheißegal – dann sieht es wenigstens gleich richtig sauber aus.«

So also lieber nicht. Auch das Ausrollen schwarzer Plane unter Büschen und tief hängenden Heckenrosen hätte massive technische Probleme aufgeworfen, ganz abgesehen davon, dass ich nicht ewig aus dem Wohnzimmer auf eine Plastikwüste schauen wollte. Und um den Giersch, wie von einer esoterisch angehauchten Freundin angeraten, zu verbrennen und die Asche auf die Horste zu streuen, was die sensible Pflanze unweigerlich so schocken würde, dass sie verschwand, hätte ich wohl einen Flammenwerfer gebraucht. Und so, wie ich den Giersch inzwischen kenne, hätte er den kannibalistischen Dünger sicher sehr genossen.

Da blieb nur Handarbeit. Ein kräftiges Augustgewitter verschaffte mir genug Feuchtigkeit, um den Filz brüchiger weißer Wurzeln möglichst unversehrt aus dem Lehm zu bekommen. Zu Füßen von *Rosa canina* allerdings grenzt so etwas ungemütlich dicht an Folter. Wer je kriechend unter diesen ebenso prächtigen wie bösartigen Sträuchern gearbeitet und bei der geringsten falschen Bewegung ihre mörderischen Angelhaken abbekommen hat, der weiß, wovon ich rede. Dafür machte es auf freier Fläche unerwartet viel Spaß: Das Wurzelgeflecht war derart alt und mächtig, dass ich es, einmal mit der Grabgabel gelöst, wie einen Teppich einfach einrollen konnte. Doch wohin mit etwas sehr Schwerem, das aussah wie mehrere dicke, gierschgefüllte Rouladen? Ich füllte schließlich einen ausbruchsicheren 400-Liter-Schnellkomposter bis zum Rand, während mein netter Nachbar am Zaun stand und sich genüsslich in düsteren Prognosen erging: Das könne nie gutgehen. Ein überlebendes Würzelchen und....

Jedoch: Es funktionierte. Nach einem Jahr war nichts mehr übrig als schwarze Erde.

Das war aber auch schon der einzige Triumph, der mir in der Auseinandersetzung mit *Aegopodium podagraria* jemals vergönnt war. Loswerden konnte ich ihn nie. Zu tief hat er sich in den Wurzeln der alten Sträucher verankert. So muss ich bis heute immer wieder dafür sorgen, dass der rhizombewehrte Widerständler seine letzten Bastionen auf keinen Fall verlässt. Das ist inzwischen leichter, denn der Giersch ist bequem geworden. Er zieht es vor, seine Ausläufer in der lockeren neuen Humusschicht statt im Lehm darunter zu treiben. Sein Fehler ...

In der Hecke jedoch und unter den alten Fliedersträuchern behielt das dominante Doldengewächs eindeutig die Oberhand. Nach einigen schweißtreibenden, rückenstrapazierenden Runden, die ich glatt verlor, riss ich die Blätter immer wieder ab und hoffte darauf, dass der Giersch, wie in Gartenbüchern vesprochen, allmählich aufgeben würde. Mitnichten: Der Kompost, mit dem ich den Lehmboden auflockerte, ließ ihn den regelmäßigen Aderlass locker wegstecken. Er hatte noch nie so fit ausgesehen.

Ohnehin finde ich es mehr als erbitternd, dass das verdammte Zeug NIEMALS krank zu werden scheint. Mögen bei miesem Wetter meine Lieblinge von zahlreichen Gebrechen heimgesucht werden, *Aegopodium* erfreut sich stets provozierender Gesundheit. Nur in diesem sehr heißen Sommer, da lagen seine Blätter ähnlich schlapp unter den durstigen Sträuchern wie ich sonst nach dem Gierschbuddeln im Liegestuhl. Ein überaus befriedigender Anblick, aber ein kurzes Intermezzo. Ein einziger Schauer, und der Giersch war wieder obenauf. Nicht einmal natürliche Feinde hat er, selbst die alles verschlingenden großen Nacktschnecken meiden ihn. Angesichts meiner eigenen kulinarischen Erfahrung kann ich ihnen das allerdings nicht weiter übel nehmen.

Es kam dann, wie es kommen musste: Wer resignierte, war ich. So fürchterlich sehen die grünen Blätter unter der Hecke ja auch nicht aus. Soll er doch da bleiben, aber gefälligst nur da! Selbstverständlich nutzt der militante Eroberer jede Chance zu einem neuen Vorstoß, und ebenso selbstverständlich kontere ich gnadenlos mit Rasenmäher und Grabgabel. Außerdem vernichte ich konsequent jeden, aber auch jeden Blütenstand: Der Giersch wird keine Chance bekommen, auf dem Luftweg zurückzuerobern, was ich ihm so mühsam abgenommen habe! Aber immerhin: Unter seinem geschlossenen Blätterdach fühlen sich viele Tiere, darunter Igel, Spitzmäuse, Zaunkönig und Grasfrösche, wohl und sicher.

So hat dieser teilweise Waffenstillstand meinen Garten um interessante Gäste bereichert – und mich damit um ein lupenreines Alibi. Unerbetene Spaziergänger-Ratschläge á la »das müssense aber auch mal wegspritzen« kontere ich nun cool mit dem Hinweis auf ein besonders wertvolles Biotop. Wer Ahnung hat, muss ja wohl sehen, dass ich nicht etwa eine faule, sondern eine lobenswert umweltbewusste Gärtnerin bin ...

Star ohne Allüren, oder: Tropenglanz im Dauerregen

Es war der scheußlichste Morgen dieses scheußlichen Sommers. Der Kalender kündigte die Hundstage an, das Thermometer zeigte knappe sieben Grad Celsius. Es goss, wie immer. Der Wetterbericht, der die Misere seit Wochen monoton mit »atlantischen Tiefausläufern« oder »für die Jahreszeit viel zu kühl und nass« umschrieb, hatte erstmals mit der aparten Wortschöpfung »Starkregen« aufgewartet. Sie sollte uns Norddeutschen bald nur allzu vertraut werden.

Im Garten gediehen die Pilze, vom Hallimasch über den Rost bis zur Braunfäule, unter paradiesischen Bedingungen. Sogar Stinkmorcheln fanden sich ein, aber das war mir auch schon egal. Draußen sitzen konnte man sowieso nicht. Die Regentonnen liefen über, das einzige Garten»vergnügen« war die unablässige Jagd auf *Arion lusitanicus*. Die Population dieser gefräßigen Nacktschnecken explodierte ebenso wie ihr Appetit, und das förderte zumindest die nachbarliche Kommunikation. Wenn ich allabendlich mit dem scharf geschliffenen Distelstecher auf die Pirsch ging, schallte von nebenan etwa ein triumphierendes: »Schon zweiundzwanzig!«

Meine Gartenfavoriten reagierten weit weniger enthusiastisch auf den Jahrhundertregen als die Weichtiere. Die Tomaten sanken im Juni braunfleckig dahin. Schon Ende Mai hüllten sich die ersten Rosen dicht in melancholische schwarze Tupfen. Der Sternrußtau war da, so früh wie nie, und er fühlte sich sichtlich wohl. Da halfen weder Steinmehl noch Schachtelhalm noch das eimerweise Abschneiden kranker Blätter. In meiner Verzweiflung verwarf ich eherne Prinzipien und erstand ein Fungizid. Doch selbst zum Spritzen war es zu nass und zu windig. Dauerhaft geholfen hätte allenfalls ein Azorenhoch, und das fiel in diesem Jahr aus. Als erste ließen meine alten, sonst so robusten Heckenrosen grämlich ihr schwarzgelbes Laub zu Boden rieseln, und dass es nicht auch gleich noch eine Mehltau-Epidemie gab, hatte wohl nur einen einzigen Grund: Es war selbst dafür viel zu eisig.

Eine einzige Rose nur blieb – ungespritzt – von allen Plagen nahezu verschont: die kleine alte Kletterrose 'Blush Noisette' an der geschützten Westwand, und auch ihre Nachbarin 'Gloire de Dijon' hielt ihr Laub relativ unbeschadet. Beide produzierten auch reichlich Blüten. Die waren dann jedoch nicht regenfest und sanken als braungraue Mumien dahin. Was den hellen, vor allem den weißen Strauchrosen widerfuhr, sollte man eigentlich mit einer Schweigeminute übergehen. Ob 'Glamis Castle', ob 'Schneewittchen' , ob die zartgelbe englische 'Charlotte' oder die sonst so herrlich duftende 'Louise Odier' – sie verkahlten unaufhaltsam und streckten nur noch hier und da eine einzelne Blüte wie Hilfe suchend in die Sintflut.

Die Überraschung bot ausgerechnet die blassrosa Damaszenerin 'Celsiana', deren fragilen, seidigen Blüten ich so viel Widerstandskraft niemals zugetraut hätte. Doch während die Heckenrosen aufgaben, sie hielten sich, Tag für Tag, Schauer für Schauer. Es schien sie nur wenig zu beirren, dass sie täglich mindestens die gesamte durchschnittliche Sommer-Regenmenge auf einmal schlucken mussten. 'Celsiana' brachte es als einzige Rose auf eine nahezu normale Blühdauer.

Die Clematis dagegen machten das Beste aus der reichlichen Feuchtigkeit, wenn sie auch die zweite Blüte mangels Sonne ausfallen ließen. *Clematis montana* eroberte in einem Schwung das Dach bis zum Giebel. Auch die anderen erreichten schon in ihrem zweiten Standjahr beachtliche Höhen. Selbst die eher launische 'Madame Le Coultre', die ich als winziges, vertrocknetes Sonderangebot aus einem Baumarkt evakuiert hatte, rappelte sich auf, wuchs gewaltig und überzog sich mit einer erstaunlichen Menge schimmernder weißer Blüten. Schimmernd weiß blieben sie leider nur kurze Zeit, aber sie brachten doch ein wenig Helligkeit ins Dauergrau. 'Hagley Hybrid' und sein ebenso robuster Verwandter 'Étoile Violette' blühten im Baum- und Hausmauerschutz rekordverdächtig. Schade nur, dass man allenfalls in einer kurzen Starkregen-Pause über schmierseifenglatte Graswege schlittern konnte, um die Pracht aus der Nähe zu genießen. Eine Ausnahme machte 'Rouge Cardinal': Sie überzog sich mit braunen Flecken, faltete wehleidig die Blätter und verabschiedete sich. Ich konnte es ihr nicht verdenken. An jenem ekligen Julimorgen, als ich mal wieder missmutig eine Ladung kranker Blätter in den Müll beförderte, hätte es ihr gerne nachgemacht.

Doch gerade, als ich drauf und dran war, das Feld den Pilzen und Schnecken zu überlassen und ein Ticket in sonnigere Gefilde zu buchen, erkannte ich, dass meinem Gartensommer Rettung buchstäblich erwachsen würde. Eine Statistin schickte sich an, die Bühne zu erobern. Geschätzt hatte ich sie immer, ihr aber nie besondere Aufmerksamkeit zukommen lassen. Die eroberte sie sich jetzt, indem sie, üppig wie nie, aus den verwaisten Tomatenkübeln kletterte, und auch sonst schob sie sich überall energisch in den Vordergrund: *Tropaeolum majus*, die rankende Kapuzinerkresse. Ich hatte sie, weil sie eine ebenso dekorative wie nützliche Nachbarin ist, nach den Eisheiligen wie immer als Begleitpflanze reichlich in Beete und Kübel gesteckt. Wenn die »Hauptdarsteller« gewachsen waren, hatte ich die Kapuzinerkresse sonst zum größten Teil geerntet und gegessen. Vor allem eingelegten Zucchini verleihen ihre würzigen Blätter ein unnachahmlich delikates Aroma.

Doch jetzt, da die meisten anderen Pflanzen kapitulierten, hatte *Tropaeolum* freie Bahn, und sie nutzte ihre Chance. Ich meine auch: Ich unterstützte sie, wo ich nur konnte, steckte ihr Bambus- und Bohnenstangen überall in die lückenhaften Beete und band ihre Triebe hoch, wo es nötig war. Außerdem spendierte ich ihr noch ein wenig Rindermist-Jauche, auch wenn das, Gartenbüchern zufolge, nur das Blattwachstum fördern sollte. Das allein wäre mir schon willkommen genug gewesen: Die großen, runden Blätter mit ihren hellen Adern sind nicht nur lecker, sondern auch ungemein dekorativ, vor allem, wenn sie nass sind. Außerdem lassen sie kein Unkraut hochkommen, ich mußte also nicht im Regen jäten.

Blitzschnell überzog die Kapuzinerkresse das, was die Schnecken vom Salatbeet noch übriggelassen hatten und wuchs am Stock hoch über die maroden Zucchini hinaus. Sie verhüllte gnädig die kahlen Gerippe der Rosen, die Klettergurken mit Falschem Mehltau, den kümmernden Wein. Sie kletterte willig weiter, wo immer ich sie hinleitete, erreichte an der Hauswand im Handumdrehen drei Meter Höhe und schaukelte fröhlich vor meinem Küchenfenster. Sie bekam keine Krankheiten und wurde von den Schnecken weitgehend verschmäht. Nur vor den Kohlweißlingsraupen musste ich sie schützen, indem ich immer wieder die Blätter mit den Gelegen abpflückte. Außerdem kniff ich alles Abgeblühte regelmäßig aus und erlaubte ihr erst ab September, Samen anzusetzen.

Die gebürtige Peruanerin, von der es heißt, sie bevorzuge trockene Hitze, gab sich mit Wetter und Service gleichermaßen zufrieden. Sie blühte – und wie sie blühte! Überall erstrahlten üppige Gelb-Orange- und Rottöne, teils rein, teils mit Braun gebrochen wie alter Samt, teils hell mit andersfarbiger Mitte. Wenn der Starkregen ihre Blüten ruinierte, dann öffnete sie unbekümmert neue. Täglich und wochenlang. Sie blühte mit den späten Rosen, dann mit den ebenfalls sehr wasserfesten Rudbeckien, kletterte zu den Sonnenblumen empor, erklomm den Birnbaum, der fröstelnd die Blätter verlor, und strahlte noch mit den allerletzten Herbstastern um die Wette.

»Triffid«, das Monster im Kübel

Etwas stimmte hier nicht. Die beiden Pflänzchen sahen zwar aus, wie junge Zucchini eben aussehen: silbriggrüne, borstige Blätter, schlaksig und überdimensioniert wie die Pfoten von großen Welpen, aber trotzdem war irgend etwas anders. Sie waren von einer Art dreister Stämmigkeit, die ich so an ihresgleichen noch nie gesehen hatte. Der nette Markthändler allerdings hatte mich ausgelacht: Das seien ganz normale Zucchini, vom selben Großhändler wie jedes Frühjahr!

So hatte ich die zwei, zusammen mit einer dritten Pflanze aus derselben Kiste, in einem halben Holzfass neben der Eingangstreppe einquartiert. Erst hatten sie zögernd ihre Blätter zum grauen Maihimmel ausgerichtet, doch dann, fast unmerklich, veränderte sich ihr Habitus. Sie machten den Eindruck als warteten sie, sprungbereit geduckt, auf irgendein Signal. Das kam mit der Sonne, und offensichtlich war es ein Startschuss. Ich traute meinen Augen kaum: Im Nu reckten sich halbmeterlange Ranken kraftstrotzend über den Fassrand, entfalteten sich wie im Zeitraffer riesige Blätter. Was immer das war – normale Zucchini ganz sicher nicht! Die dritte Pflanze, auch nicht gerade schwächlich, duckte sich ängstlich, bis ich sie evakuierte. Diese beiden wollten Platz – und davon jede Menge!

Da erwuchs mir buchstäblich ein Problem: Den Eingang konnte ich schlecht völlig zuwuchern lassen, und nirgendwo reichte die Bodenfläche für einen veritablen Kürbis. Doch ein Ausweg bleibt glücklicherweise auch im kleinsten Garten: der nach oben. Aus zwei alten Pfosten, Draht und einem stabilen Haselstock bastelte ich eine etwas schiefe, gut zwei Meter hohe Pforte und band meine beiden Ranken, denen man beim Wachsen beinahe zusehen konnte, täglich höher. Die Nachbarn spekulierten bald angeregt darüber, wie hoch dieses Gewächs denn wohl noch hinauswolle.

Um es vorwegzunehmen: Es wurden mehr als fünf Meter. Im Nu war die gesamte Pforte überwachsen, die Ranken vermischten sich mit denen der Weinstöcke an der Hauswand, und einige der silbrigen Riesenblätter näherten sich dem Format von Regenschirmen. Als sich dann auch noch, hoch über der Erde, dekorativ die großen, gelben, von Hummeln umsummten Kürbisblüten öffneten, war mir endgültig klar, dass ich noch nie eine derart spektakuläre Zierpflanze beherbergt hatte. Gemessen am phantastischen Effekt hielt sich der Aufwand in erfreulichen Grenzen, abgesehen davon natürlich, dass meine überdimensionalen Topfpflanzen, wie alle Kürbisse, außerordentlich gefräßig waren. So ergänzte ich die täglichen Wassergaben mit reichlich Kompost, Rinderdung und verdünnter Pflanzenjauche. Außerdem befestigte ich die Ranken sorgfältig mit Kokosschnur. Zwar hielten sie, sobald ihre tastenden grünen Fingerchen einmal etwas ergriffen hatten, daran eisern fest, aber erstens meistens genau da, wo ich sie nicht haben wollte, und zweitens nahm die gewaltige Blattmasse inzwischen Wind auf wie ein volles Segel und brauchte entsprechenden Halt.

Mit den Früchten kam dann die nächste Überraschung. Ich hatte normale gelbe oder orangefarbene Kürbisse erwartet, doch stattdessen erschienen – Zucchini, glatt, grün gestreift und überdies auch noch an beiden Pflanzen verschieden. Eine trug etwas, das entfernt an die üblichen Keulen erinnerte, aber viel dicker und kürzer war, die andere kleine Kugeln in ansprechendem Zucchini-Design. Inzwischen war ich von meinen Überraschungsgästen schon dermaßen fasziniert, dass ich es verrückterweise nicht fertigbrachte, zur Probe eine Frucht abzuschneiden und aufzuessen. Es schien es mir wie ein unbilliger Übergriff, mich an einer Pflanze zu vergreifen, die sich sozusagen noch nicht einmal vorgestellt hatte. So ließ ich die Kugeln und die Keulen zunächst da, wo sie waren, und amüsierte mich damit, ihren erstaunlichen Wachstum in luftiger Höhe zuzusehen. Am schönsten wurde ein ebenmäßiger dunkelgrüner Ball, glatt wie ein riesiger Handschmeichler, den ich ausreifen lassen wollte, um auf jeden Fall Samen zu bekommen. Damit er nicht abstürzte, bastelte ich ihm aus Holz und Kokosschnur eine kleine Schaukel.

Sehr zum Amüsement der Spaziergänger übrigens, die inzwischen ohnehin stehenblieben, um die Hälse nach dem Dschungel aus Kürbis, Wein und rot blühender Kapuzinerkresse zu verrenken, besonders, als sich Ende August der Ball auch noch orange zu verfärben begann. Da ich, oft gefragt, immer noch nicht sagen konnte, wer das nun eigentlich war, erwarb ich endlich ein Buch über Kürbisse. Verblüfft lernte ich, dass die vitalen Riesen botanisch gesehen zu den Beeren zählen. Auch fand ich tatsächlich Zucchini, die meiner zumindest ähnlich sahen. Es waren Rondini, eine Sorte, die in Afrika und Amerika verbreitet ist, in Europa vorwiegend in Frankreich und der Schweiz angebaut wird. Wie aber meine beiden Pflänzchen ihren Weg zwischen unauffällige Artgenossen in die Kiste eines biederen norddeutschen Gemüsehändlers gefunden hatte, ließ sich leider nie klären. Vielleicht ein besonders apartes Ergebnis botanischer Globalisierung? Rondini werden als sehr wärmehungrig beschrieben, und unser Sommer war ebenso kalt wie nass. Dennoch gediehen sie so üppig, dass ich schließlich doch eine grüne Kugel schnitt und schmorte. Sie schmeckte angenehm nach Nuss, war jedoch schon derart schwammig, dass man sie besser unmittelbar nach der Blüte hätte verwerten sollen.

Und dann kam jener unvergessliche Abend, an dem eine englische Freundin endlich das Geheimnis der Giganten lüftete. Auf ein Foto kam spätnachts eine – vielleicht nicht völlig ernst gemeinte – Alarm-e-Mail zurück: Ich solle um Himmels willen samt Terrier »Kümmel« schleunigst das Weite suchen! Ein unbekanntes Gewächs, das sich unter falschem Namen einschleiche, zunächst ganz harmlos tue und dann jäh zu einem Eroberungsfeldzug aufbreche – das könne doch nur eines sein: Triffid, eine gut getarnte neue Mutante jener legendären karnivoren Killerpflanze, die es in der britischen Kult-Science-Fiction »The Day of the Triffids« recht erfolgreich darauf anlegt, die gesamte Menschheit auszurotten ...

Damit hatten wir natürlich den Namen, ansonsten aber kann ich tief aufatmend berichten, dass Liz sich irrte. Diese Triffids, die ich einige Zeit mit unterschwelligem Argwohn beäugte (Was wäre, falls sie doch ...? Und wo war eigentlich der Terrier ...?), verhielten sich im Großen und Ganzen recht manierlich. Abgesehen natürlich von ihrer unerfreulichen Angewohnheit, jeden Rosenstrauch in Griffweite zu strangulieren, mehreren vereitelten Vorstößen auf die Dachpfannen und den unverhofften Duschen, die sie mir nach Regenschauern gern aus dem Hinterhalt verpassten. Bis in den November erfreuten sie ihr Publikum mit leuchtenden, behaglich in der Luft schaukelnden Früchten, dann fielen sie dem Mehltau und dem ersten Frost zum Opfer, nicht ohne vorher noch eine wunderschöne Halloween-Kürbislaterne geliefert zu haben. Zwei Früchte, die große runde und eine längliche, zierten den ganzen Winter über meine Küche in leuchtendem Orange und ergaben schließlich eine Unmenge Samen. Wenigstens einige davon müssten reif genug sein, um im Frühjahr zu keimen. Auch wenn Wunder sich selten gezielt planen lassen: Natürlich hoffe ich auch für den nächsten Sommer auf die wahrhaft überwältigende Gesellschaft dieser ganz speziellen Triffids, meiner unvergesslichen Monster im Kübel!

Evolution in Action, oder: Darwin für Gärtner

Der Darwin Award ist wahrlich keine besonders erstrebenswerte Auszeichnung, und die Preisträger haben weit weniger davon als das pietätfreie Publikum. Ins Leben gerufen von einer Biologin der kalifornischen Stanford-University, trägt die makabre Trophäe, zum Andenken an Charles Darwins legendäre Theorie vom Überleben der Fittesten, das Motto »Evolution in Action«. Gewürdigt werden alljährlich diejenigen Mitglieder unserer Spezies, die es geschafft haben, sich auf die denkbar dämlichste Weise selbst zu entleiben – und damit unser aller Genpool von verhängnisvoller, eventuell vererblicher Dummheit zu entlasten. Die Anforderungen sind dabei hoch: Blödheit allein genügt keinesfalls. Die Unfähigkeit, im täglichen Überlebenskampf zu bestehen, muss schon derart dramatisch demonstriert werden wie von jenem Ehepaar, das sich im Safari-Park nicht nur getrieben sah, sein Auto ausgerechnet im Tigergehege zu verlassen, sondern es darüber hinaus auch noch sorgfältig abschloss.

Doch warum eigentlich sind auf den vorderen Rängen kaum Gärtner vertreten? Macht Gartenarbeit derart fit? Sind wir so gut angepasst, dass wir mit all den potenziell mörderischen Gerätschaften, Giftpflanzen und hohen Gehölzen rundum idiotensicher umgehen können? Zweifel sind erlaubt, vor allem in der herbstlichen Schnittzeit, in der die Überlebenstüchtigkeit vieler Gärtner eher fraglich erscheint. Da ist etwa einer meiner Nachbarn, der sich durch einen ausgesprochen unbefangenen Umgang mit Kettensägen auszeichnet. Verblüffenderweise blieb er bisher unbeschädigt, während ich schon aus buchstäblich heiterem Himmel jäh eine stattliche Tanne auf meinem Grundstück wiedergefunden habe.

Dass man im vertrauten Revier gelegentlich dazu neigt, den simpelsten Selbsterhaltungstrieb außer acht zu lassen, kann ich auch aus eigener Erfahrung nur bestätigen. Mein erster Anlauf auf den Darwin Award glich noch eher einem Slapstick, auch wenn mir danach lange die Knochen wehtaten. Ich wollte den Boden einer Kompostkiste leeren, aber halbverrottete Zweige und das hochgekletterte Wurzelgeflecht eines Apfelbaums setzten Spaten und Grabgabel energischen Widerstand entgegen. Schließlich gelang es mir, den scharfen Spaten waagerecht in die verfilzte Masse zu stoßen. Getrieben von dem jähen und unreflektierten Wunsch, die Hebelwirkung ausnutzen, trat ich sodann kräftig auf den Stiel – und schlug mir, gefolgt von einem Kometenschweif aus Kompost, das Gerät hart in die Rippen.

Später folgte die peinliche Geschichte mit dem Bambusstab, den ich vergeblich in den harten Lehmboden zu bekommen versuchte. Dass mein energischer Körpereinsatz übel ausgehen konnte, war spätestens überdeutlich, als der Stab sich bedrohlich zu biegen begann. Ich jedoch hatte eine herabsackende Lieblingspflanze im Nacken und war daher schon so frustriert, dass mein Adrenalinspiegel meinen Intelligenzquotienten beträchtlich überstieg. Noch ein wütender Ruck, es krachte, ich fiel vornüber, das scharfe Bambusende verfehlte haarscharf mein rechtes Auge – und unwillkürlich blitzte mir dieser eine Gedanke durch den Kopf: »Darwin!«

Auch mein Vater hat schon einen viel versprechenden Anlauf zu kreativer Selbstentleibung hinter sich, natürlich beim Heckenschneiden. Als die Leiter nicht mehr ausreichte, half er sich mit einer ungewöhnlichen Kollektion von Accessoires: ein schwerer Gartenstuhl aus Teak, darauf der Überrest einer alten hölzernen Bodenleiter, dem die Rückenlehne des Stuhls den nötigen Halt verleihen sollte. Meinen fassungslosen Protest mannhaft zurückweisend, packte er sodann die, Gott sei Dank nicht elektrische, Heckenschere und erklomm beherzt die eigenwillige Konstruktion. Er kam mit dem Leben und aufgeschlagenen Schienenbeinen davon, weil die Leiter glatt rückwärts abrutschte, statt überzukippen. Den Krach höre ich heute noch.

Dass die genetische Komponente bei blödheitsbedingten Unfällen offenbar wirklich nicht zu unterschätzen ist, bewies ich selbst dann ebenfalls mit Hilfe einer Leiter. Wein, Clematis und eine junge Ramblerrose 'Bobbie James' auf dem Weg in den Birnbaum teilen sich bei mir einen hohen Holzpfosten, der zusätzlich noch einen Nistkasten trägt. Ein Frühlingssturm hatte einige Ranken losgerissen, und so musste ich hoch und sie wieder festbinden. Das Erklimmen von Leitern gehört nicht zu meinen Lieblingsbeschäftigungen, denn so sehr ich Kletterpflanzen auch mag, ich bin nur sehr begrenzt schwindelfrei. Ohnehin keine besonders glückliche Kombination, und hier kam noch erschwerend hinzu, dass ich Werkzeug mit hinaufbefördern und ständig einigen aggressiv nach mir hakelnden Dornen des Ramblers ausweichen musste. Ich schaffte es nur deshalb ohne größeres Blutvergießen, weil ich mich, getreu dem Motto aus Segelschiffzeiten: »Eine Hand für dich, eine für das Schiff«, meist irgendwie an den schwankenden Pfosten klammerte und mich geradezu um den Nistkasten wickelte, um den letzten widerspenstigen Zweig zu erhaschen.

Heil wieder unten, betrachtete ich mein Werk voll inniger Befriedigung, als sich sehr schnell ein unverkennbares tiefes Brummen näherte. Eine riesige Hornissenkönigin schoss an meinem linken Ohr vorbei und verschwand zielsicher im Einflugloch desselben Nistkastens, den ich gerade eben noch in luftiger Höhe verdeckt hatte. Mir wurde flau, als es mir jäh und siedendheiß wieder einfiel: Ich hatte sie ja schon gesehen, neulich, exakt am Flugloch dieses Kastens, und es in wahrlich preisverdächtigem Schwachsinn glatt wieder vergessen. Zwar sind Hornissen normalerweise alles andere als angriffslustig, und die argwöhnischen Wächter waren zu meinem Glück noch nicht ausgeflogen. Wenn Ihre Majestät mich aber auf frischer Tat ertappt hätten, nur zwei Minuten eher, wackelnd oben auf der Leiter, den Mund voll Bast, die Hand voll kratziger Rosenranken und alles zusammen in bedrohlicher Nähe ihres Domizils ... Die wehrhafte Monarchin wäre mit Sicherheit alles andere als amüsiert gewesen, und Auge in Auge mit einer aufgebrachten Drei-Zentimeter-Wespe hätte ich mich in meiner ohnehin schon prekären Situation nicht unbedingt gern wiedergefunden.

Der Effekt hätte sich übrigens noch deutlich steigern lassen: Da das Nest sehr dicht an der Terrasse hing, konsultierte ich vorsichtshalber die Fachliteratur und fand den, an sich sehr einleuchtenden, Vorschlag, das Einflugloch zu verlegen, um Mensch und Insekt später unliebsame Begegnungen zu ersparen. Das wäre theoretisch simpel gewesen: Ich hätte nur den Kasten drehen müssen. Mutter Hornisse blieb immer mindestens zehn Minuten, oft aber über eine halbe Stunde weg. Doch eines habe ich beim Darwin Award gelernt: Es sind Überlegungen dieser Art, die nur zu oft schnurstracks ins Desaster führen. Garantiert wäre sie exakt dieses eine Mal eher umgekehrt, und der Gedanke, hoch auf der Leiter von einer zornigen Hornissenkönigin ertappt zu werden, während man gerade ihren gesamten Nachwuchs in der Hand hält ... nein!! So witzig ich den Darwin Award auch finde – ich möchte doch nicht unbedingt die erste Gärtnerin sein, die ihn gewinnt!

Wilmas Wunder

Spät im Herbst schaue ich auf Spaziergängen möglichst stur auf den Weg und möglichst wenig ins Unterholz. Nach den ersten Frösten nämlich sind die letzten Igel unterwegs, diese ganz winzigen, die der bevorstehende Hungertod sogar tagsüber noch einmal ins Freie treibt, und ich schaffe es einfach nie, so einen der natürlichen Auslese zu überlassen. Das klingt tierfreundlich, aber mit Tierliebe ist es hier leider nicht getan. Das Wildtier Igel ist ein Wintergast, der in einem durchschnittlichen Heim einiges an Aufwand verlangt. Zunächst einmal gehört jeder Findling umgehend zum Tierarzt oder zur nächsten Igelstation, um von Außen- und Innenparasiten befreit und auf Krankheiten untersucht zu werden. Sonst können etwa Lungenwürmer ihn schnell töten. Ebenso schnell übrigens das beliebte Schälchen Milch, das schweren Durchfall verursacht. Igel, die auf Nahrungssuche täglich mehrere Kilometer zurücklegen, müssen sich auch bewegen können, sonst werden sie krank. Das bedeutet, dass ein Käfig keinesfalls ausreicht, sondern es gilt, zumindest zeitweise einen Teil der Wohnung mit ihnen zu teilen. Sie fressen und verdauen reichlich, werden natürlich nicht stubenrein und bringen auch bei bester Pflege eine penetrante Duftnote irgendwo zwischen Iltis und überfülltem Katzenklo ins Haus. So reizend die kleinen Stinker auch sind, ich bin durchaus erleichtert, wenn ich im Herbst mal keinen treffe.

Leider ist das Hunden nicht zu vermitteln. Die fanden diesmal gleich zwei Halbpfund-Zwerge auf einmal. Wer je versucht hat zwei stachelstarrende, verflohte Igel zu transportieren und dabei gleichzeitig zwei enthusiasmierte Terrier von diesem großartigen Spielzeug abzuhalten, ahnt, wie unvergesslich dieser Spaziergang war. Zuhause betrachtete »Kümmel« die doppelte Beute im Revier eindeutig als Inbegriff artgerechter Terrierhaltung. An Laufen lassen der Igelchen im Erdgeschoss war nicht zu denken. Seufzend räumte ich schließlich meinen gesamten Waschkeller leer, legte ihn dick mit Zeitungspapier aus, zäunte Tür und Waschmaschine mit Spanplatten ab und quartierte mein Igelpärchen hier ein. Die Wäsche roch fortan deutlich nach Wild, ich wurde fit im Hindernislauf mit Traglast, die stacheligen Gäste gediehen bestens, und alle außer »Kümmel« waren zufrieden. Ein ganz normaler Igelwinter also. Bis Wilma kam.

Sie lief an einem frostigen Dezembervormittag über die Terrasse meines Vaters: ein klitzekleines Igelweibchen auf der verzweifelten Suche nach irgend etwas Fressbarem. Es wog kaum mehr als 200 Gramm und sah nahezu verhungert aus: Seiten und Hals tief eingesunken, Hüften hervorstehend, Bauch hohl und leer. Doch etwas passte nicht in das jämmerliche Bild: ihre blanken, funkelnden Augen. Auch taumelte sie nicht, wie es die beiden anderen schon getan hatten, sondern war in jeder Reaktion und Bewegung auffallend flink und lebhaft. Leider nicht lange. Nachdem sie eine kleine Portion lauwarmen Futters gierig verschlungen hatte, kollabierte sie so schnell und so dramatisch, dass wir sie kaum noch lebend zur Igelstation brachten. Sie bekam auch noch katastrophalen Durchfall, und so rechnete ich nicht damit, Wilma, wie sie dort getauft wurde, noch einmal wiederzusehen. So ist das eben, tröstete ich mich, sie können es nicht alle schaffen, nicht so spät im Jahr. Aber irgendwie konnte ich diesen Überlebenswillen und diese blanken Augen schlecht vergessen, während ich beklommen auf die Hiobsbotschaft wartete.

Doch sie kam nicht. Stattdessen opferte Barbara Schultz, die in Welle in der Nordheide mit viel Engagement eine Igelstation betreibt, ein ganzes Wochenende, um die kleine Todeskandidatin mit Medikamenten, Elektrolyten und Aufbaunahrung am Leben zu halten. Bei so viel Unterstützung schaffte Wilma wider alle Wahrscheinlichkeit ein kleines Wunder: Sie erholte sich. Inzwischen entschloss sich meine fette Keller-Igelin dankenswerterweise zum Winterschlaf, und für das Männchen fand sich in einem Stall eine ideale Unterkunft. Weihnachten zog Wilma ein und machte schnell deutlich, dass sie ein wenig anders war als alle ihre Vorgänger. Nestbau mit dem reichlich bereitgelegten Papier interessierte sie nicht, Hausarbeit war eindeutig nicht ihr Fall. Sie wollte nur eines: rennen, und das stundenlang und mit erstaunlichem Temperament. Nicht stereotyp, wie kranke Tiere es tun, sondern aufmerksam, neugierig und vor allem blitzschnell. Sie erinnerte eher an ein Wiesel als an einen Igel.

Futter fand sie leider weit weniger reizvoll. Ob die probate Mischung aus Katzendosenfutter und Hunde-Getreideflocken, ob gekochtes Hack mit Haferflocken, mageres Rührei, gekochtes Huhn, Käsewürfelchen oder Rosinen: Wilmas Interesse hielt sich in ebenso engen Grenzen wie ihre Gewichtszunahme. Igel sollten, dem Gebiss zuliebe, auch regelmäßig Trockenfutter fressen, doch keiner meiner Pfleglinge hatte es je gemocht. So bot ich der kleinen mäkligen Wilma nur sehr beklommen Pellets für Jungkatzen an – und erlebte eine Überraschung: Genau so stellte sie sich das ideale Igelfutter vor! Das machte sie mir unmissverständlich klar, indem sie fortan alles andere kategorisch verweigerte, dafür aber Unmengen Trockenfutter verputzte. Zwar war ich von ihrer nicht eben wildtiergerechten Diät nicht begeistert, doch da es ihr blendend bekam, ließ ich es dabei. Nun, da der Service des Hauses Wilma endlich zufrieden stellte, wurde sie soweit zutraulich, dass ich ihr beim Unterhaltungsprogramm zusehen durfte: Sie erkundete gern Pappkartons oder zerrte an Hunde-Kauknochen. Am liebsten aber trieb sie, beißend und verfolgend, einen Tennisball durch den Keller. Ich hatte noch nie einen derart temperamentvollen Igel gehabt, und Wilma abends beim Toben zuzusehen, war weitaus spannender als Fernsehen.

Wenn junge Igel einmal wachsen, dann im Zeitraffer. Schnell wog Wilma fast ein Kilo und zeigte deutlich, dass sie an Winterschlaf dachte: Sie wurde appetitlos und müde, doch leider nicht müde genug. Selbst bei Außentemperatur schlief sie nicht wirklich ein. Mein Haus war durch die offenen Kellerfenster schon grottenkalt, es zog überall, doch der Igel blieb halbwach. Stellte ich sie in einem rattensicheren Käfig in den kalten Schuppen, protestierte sie mit nächtelanger wilder Randale gegen diese Freiheitsberaubung, statt sich zur Ruhe zu begeben. Da sie inzwischen auch bei wärmeren Temperaturen nicht mehr fraß, verlor sie zusehends an Gewicht und Kondition. Irgendwann resignierte ich, machte die Heizung wieder an – und die eigensinnige Igelin verrammelte prompt ihr Nest und schlief fest ein. Mit dem Aufstehen hatte sie es später auch nicht eilig: Erst in der letzten Maiwoche, als ich mir schon wieder Sorgen machte, klapperte sie eines Abends hellwach mit der Futterschüssel und musterte mich mit diesen glitzernden Augen: Wo bleibt der Service?

Wir haben sie dann, gut 700 Gramm schwer, weitab jeder Straße auf einem Waldgrundstück freigelassen. Die Besitzerin hoffte, sie mit reichlich Katzenfutter als Dauergast gewinnen zu können, doch Wilma tat, was immer getan hatte: das Gegenteil dessen, was zu erwarten war. Sie verschmähte ihr Lieblingsessen und ging unverzüglich ihrer Wege. Sie war, trotz ihrer eigenwilligen Ernährungsgewohnheiten und ihrer Zahmheit, glücklicherweise noch das Wildtier, das ein Igel immer bleiben muss. Ich bin mir ziemlich sicher, dass es ihr gut geht, wo sie heute auch herumsausen mag. Wenn ich je einen fitten Igel beherbergt habe, dann war es Wilma, die Kleine mit dem großen Überlebenswillen.

Mit vielem Dank an Familie Schultz aus Welle und den Verein Pro Igel e.V.!

Zweite Chance: Solo-Auftritt im Winter

»Schöner Garten auch im Winter«? Einschlägige Artikel habe ich lange mit einer Mischung aus Neid und Resignation überflogen: Da waren Hochglanzfotos von kunstvoll geschnittenen Buchsbaumhecken auf fleckenlos weißem Schnee, majestätischen, bereiften Koniferengruppen im Gegenlicht, leuchtendroten Hartriegelzweigen vor eisglitzerndem Gartenteich. Seufzen bei der Normalgärtnerin: Bei mir reicht schon im Sommer der Platz NIE für all die begehrenswerten Pflanzen, und im Winter gibt's statt fleckenlos weißer Schneedecke sowieso norddeutsches Schmuddelwetter.

Aber inzwischen habe ich gelernt: Es geht doch. Auch ein kleiner Garten kann ein wenn nicht perfektes, so doch attraktives Winterkleid bekommen – und das ohne jeden zusätzlichen Aufwand. Es bedarf nur einiger Aufmerksamkeit, denn erstaunlich viele Pflanzen lassen sich sozusagen doppelt und dreifach nutzen. Sie haben, neben der Hauptblüte, noch eine attraktive Herbstfärbung zu bieten oder tragen Winterschmuck. Eine *Rosa canina* etwa, die am Gartenrand hoch aus der Hecke ragt, leuchtendrote Hagebutten über wintergrünem Liguster – so etwas kann selbst den trübsten Tag ein wenig aufhellen. Auch eine Clematis, für die sich immer irgendwo ein Platz findet, lässt sich unter diesem Gesichtspunkt auswählen. *Clematis tangutica* zum Beispiel schmückt sich nicht nur zweimal mit gelben Glöckchen, sondern auch noch mit seidig-wuscheligen Samenständen, die die große Gärtnerin Vita Sackville-West an das Fell von zusammengerollten Yorkshire-Terriern erinnerten. Die flauschigen Schöpfe halten oft bis zum Rückschnitt im Vorfrühling durch. Und was Buchsbaumhecke und Koniferen angeht: Einige kleinere Exemplare im Kübel tun's auch. Während sie sich im Sommer brav mit einer Nebenrolle abfinden, lassen sie sich im leeren Garten buchstäblich in den Vordergrund rücken. Nur bei ganz tiefen Dauertemperaturen sollten auch sie besser geschützt und verpackt werden – doch wann gibt es die schon noch?

Auch die Beete müssen zum Ende des Gartenjahres nicht langweilig und leer daliegen. Neben Gräsern und Farnen bieten sich vor allem viele Stauden mit schöner Laubfärbung und interessanten Samenständen für ein gelungenes Herbst- und Winterbild geradezu an. Es lohnt sich, wenigstens versuchsweise einmal auf das herbstliche Großreinemachen zu verzichten. Das hat mehrere Vorteile: der Boden ist nicht nackt, die alten Blätter schützen die Basisknospen, und die Samenstände bringen Struktur und Höhe ins winterliche Einerlei.

Einige Funkien, vor allem die Blaublattfunkien, prunken lange mit herbstlichem Gold, bunte Farben tragen auch viele *Geranium*-Arten. Die sonst eher biedere Bergenie hat bei Kälte ebenso einen großen Auftritt mit leuchtenden, bläulich weinroten Blättern. Die Fetthenne hat neben der Herbstfärbung noch einen schirmartigen, ebenso hübschen wie dauerhaften Samenstand zu bieten. Der ist nicht nur bei den letzten Schmetterlingen beliebt, sondern auch bei den Spinnen. Bis tief in den Herbst hinein trägt er oft einen dekorativen Schleier aus zarten, tauüberzogenen Netzen.

Doch eine gewisse Vorsicht ist bei überwinternden Samenständen dann und wann auch zu empfehlen: sie enthalten – natürlich! – Samen, und das oft in überraschenden Mengen. Die stämmige, fedrige Goldrute etwa bietet zwar ein sehr reizvolles Bild, kann aber mit ihrer Fruchtbarkeit im Frühjahr für einige zusätzliche Arbeit beim Jäten sorgen. Dasselbe gilt für einige Astern, und die Astrantien können auf diesem Gebiet geradezu Erstaunliches leisten. Auch bei der Lampionblume mit den zahllosen Ausläufern gilt es abzuwägen: Ihre orangenen Früchte, die sich zum Winter in durchbrochene Papierlaternchen zu verwandeln scheinen, sind wunderschön – aber wie weit kann man dafür ihren unbändigen Durchsetzungswillen tolerieren?

Etwas weniger vermehrungsfroh, aber äußerst dekorativ sind die Edeldisteln, deren Silberblau nur langsam ins Graue verblasst. Auch Lavendel und Wollziest sorgen fast das ganze Jahr über für diesen noblen Farbton. Die filzige Behaarung übrigens, die dem Wollziest den Namen gab, ist bei Nässe und Frost besonders gut zu erkennen.

Wie majestätische Solitäre können schließlich zwei Zweijährige das winterliche Beet überragen: die Karde und die Echte Engelwurz, deren Samenstände gut zwei Meter Höhe erreichen. Die Karde ist anspruchslos, braucht aber viel Sonne. Ihre borstigen Samenstände sind derart stabil, dass sie früher zur Wollverarbeitung eingesetzt wurden.

Die gigantische Engelwurz nimmt mit schattigeren Plätzen vorlieb und ist mit ihren großen Schirmen ein unübertreffliches Prachtstück. Noch prächtiger wäre der Samenstand der sehr ähnlich aussehenden Herkulesstaude. Diese ebenso aggressive wie expansive Pflanze allerdings sollte man aus nahe liegenden Gründen nicht – oder nur unter allerstrengster Kontrolle – im Garten dulden!

Auch einige kleinere Kräuter tun das ihre, um den Winter nicht allzu traurig werden zu lassen: Der Oregano zum Beispiel ist fast dauergrün, und der Muskatellersalbei sogar abgestorben noch ein Blickfang.

Einer meiner eigenen »Winterfavoriten« ist eine der beliebtesten Stauden überhaupt: der Sonnenhut, *Rudbeckia fulgida* 'Goldsturm' anspruchslos, erstaunlich regenfest und mit Beet und Topf, Sonne und Halbschatten gleichermaßen zufrieden. Von der leuchtend gelben, langlebigen Blüte überdauert schließlich nur die tief samtschwarze Mitte. Die untersetzten, stabilen Stängel sind nicht nur im Sommer äußerst schlechtwetterfest, sie knicken auch unter einer Schneelast nicht gleich zusammen. Einige Tontöpfe mit Rudbeckien und Lavendel ergeben ein reizvolles Winterbild in Rot, Schwarz und Silber, das balkongeeignet ist und sogar die Regenstürme der norddeutschen Tiefebene lange übersteht – Augentrost im Einheitsgrau, Versprechen auf neue Gartensommer. Frostfeste Terrakottatöpfe wären der Idealfall, wenn's dazu nicht reicht, nehme ich die billigsten 30-Zentimeter-Tontöpfe. Sie lassen sich notfalls günstig ersetzten, haben sich aber in eher nassen als kalten Wintern als äußerst haltbar erwiesen.

Eine aparte Ergänzung für diesen Terrassenschmuck fand ich zufällig im letzten Herbst: die großen, wunderschönen Bälle von *Allium christophii*, dem Sternkugellauch. Der erste Sturm hatte die riesigen runden Köpfe von den schlanken Stängeln geknickt, und da sie für den Kompost immer noch zu schade waren, band ich sie einfach mit einem Bastfaden ans Weinspalier. Der erste Reif verwandelte sie in Kugeln aus glitzernden Sternchen, ähnlich sprühenden Wunderkerzen. Im Frühjahr hingen sie, gezaust, aber standhaft, erstaunlicherweise immer noch da und wirkten nicht halb so tot wie ihre getrockneten Artgenossen im Blumenladen. Wenn man die Stängel rechtzeitig mit einem Stöckchen abstützt, müssten sie sich doch auch zwischen andere Pflanzen in die Kübel stecken lassen. Ich werde es jedenfalls dieses Jahr versuchen! Und ob so etwas wohl auch mit anderen Zierlauch-Arten funktioniert, mit *Allium aflatunense* zum Beispiel?

Das ist ohnehin der größte Reiz des ganz persönlichen »Wintergartens«: das Experimentieren. Es macht Spaß, im Frühherbst schon nach Pflanzen mit stabilen Samenständen und interessanter Textur Ausschau zu halten und einigen, die in der sommerlichen Üppigkeit fast untergingen, die Chance zu einem zweiten Solo-Auftritt zu geben. Was ist etwa mit der viel versprechend stabilen Schafgarbe oder der bizarren Schlangenblume? Haben diese und andere malerische Schönheiten womöglich noch eine sozusagen grafische Zugabe zu bieten?

Gelegenheit dazu habe ich – unabsichtlich – auch einigen meiner Lieblinge verschafft: den Akeleien. Schon die aparten Blätter von *Aquilegia vulgaris* und ihren Verwandten sind fast rund ums Jahr attraktiv. Wenn man sie im Hochsommer, etwa zur Zeit der Samenreife, entfernt, treibt die Akelei meist noch einmal komplett durch. Bis spät in den Herbst bleibt sie dann grün und färbt sich zum Finale auch noch bunt um. Dass aber auch ihre zarten Samenstände an einem geschützten Platz den Winter überstehen, habe ich nur bemerkt, weil ich im Hochsommer einige übersah, die sich dicht an die Heckenrose geschmiegt hatten. Graziös und wie neu standen sie eines späten Novembermorgens in ihrer Reifhülle da, nach außen gebogen wie winzige Lilienblütige Tulpen. Es war ein verblüffender und bezaubernder Anblick, und natürlich werde ich jetzt immer einige Akeleienstängel stehen lassen – wenn die dicken Dompfaffen und Grünlinge sie denn nicht zu früh abernten und dabei knicken. Das tun sie übrigens auch gern mit den winterharten Rispen der Astilben.

Aber eine Portion Glück gehört ja ohnehin zu jedem schönen Gartenbild, im Winter noch viel mehr als im Sommer. Herbstliche Regen-Orkane oder früher schwerer Nassschnee können alles buchstäblich über Nacht »plattmachen«. Und selbst unter optimalen Bedingungen sind die bizarren Arrangements vergänglich. Doch der Versuch ist reizvoll, jeden Herbst erneut. Mag diese letzte Freude auch nur ganz kurz sein, das Gartenjahr ist eben doch ein klein wenig länger geworden. Wenn die ganze Pracht dann schließlich braun und nass dahin sinkt, muss man auf Trost doch schon nicht mehr ganz so lange warten. Akeleien gehören zu den ersten Pflanzen überhaupt, die im Frühjahr wieder austreiben.

Alle Jahre wieder

Irgendwann, meist Anfang Dezember, wenn die besenreinen Gärten rundum längst hinter Thuja schlummern, komme ich in der frühen Dämmerung ebenso durchfroren wie zufrieden ins Haus. Hinter mir feuchter Lehm, vor mir eine zierliche Spur kompostiger Pfoten. Kümmel hat es noch eiliger, Ofen und Sofa zu erreichen als ich, und nach endlosen Buddeleien ist von ihrem adretten Terrier-Weiß nicht mehr viel übrig. Ich selbst bin noch weniger adrett: unförmig in mehrere dicke Uralt-Islandpullover gehüllt (Jacken schränken die Bewegungsfreiheit so ein) und gleichmäßig mit einem grauen Steinmehl-Schleier überzogen (es ist schon ziemlich windig draußen). Die Hände sind klamm und schwarz (mit Handschuhen hat man einfach nicht genug Gefühl), das Gesicht erdig gestreift (bei dieser Kälte leckt die Nase, und die Haare wehen ewig nach vorn), die Knie dunkel erdfarben und pitschnass (Klar habe ich ein Kniekissen. Wenn ich nur wüsste, wo!) Aber – ich habe es geschafft! Ich bin FERTIG! Die allerletzten Blumenzwiebeln sind in der Erde! Nächstes Jahr werde ich selbstverständlich alles rechtzeitig erledigen, ohne so viel Stress, Nässe und Kälte. Ganz einfach: Ich werde eben weniger Zwiebeln bestellen.

Ganz einfach?! Es geht doch schon mit den ersten Schneeglöckchen los und steigert sich mit jeder Blüte: Ständig fällt mir ein, was nächstes Jahr noch viel schöner sein könnte: Unter der großen Deutzie würde ein Teppich weißer Krokusse einfach umwerfend aussehen, der hellen Narzissenreihe am Weg stünde ein wenig mehr Gelb gut an, Schachblumen, Scilla und Milchsterne kann man nie genug haben, für Zierlauch, Türkenbund und Königslilien gilt dasselbe, und dann: Wie viele Tulpen- und Liliensorten wären noch auszuprobieren! Wenn ich dann im Sommer gemeinsam mit Freundin Sabine Blumenzwiebeln bestelle, im Großhandel natürlich, verlässt mich regelmäßig der allerletzte Rest Verstand. Jedes Mal vergesse ich, dass ihr Grundstück einen guten Hektar misst, während mir nicht einmal ein Fünfundzwanzigstel davon zur Verfügung steht.

Es folgt jener Herbsttag, der schon ein wenig wie Weihnachten ist: Nachdem der bedauernswerte Paketbote, von Kaiserkronen-Odeur umweht, die riesige Sendung aufs Grundstück gewuchtet hat, muss ich einfach jede einzelne Papiertüte aufmachen: Schimmernd dunkelbraune Tulpenzwiebeln, glatt und kühl wie Handschmeichler, kleine, knubblige weiße Schachblumen, wohl genährte Narzissen in ihrer lockeren, raschelnden Hülle und natürlich die schweren, frischen Bulben der Lilien. Alle wollen in die Erde, alle so schnell wie möglich. In einem schönen Herbst ist das pures Vergnügen: Zuerst kommen die Fritillarien, die, mangels einer soliden Schutzhülle, am wenigsten warten können, dann die Lilien, dann die Narzissen, die Tulpen und zuletzt die robusten Krokusse. Die Sonne scheint, es duftet nach Kompost, Äpfeln und Pilzen, und über mir turnen die Meisen an leuchtenden Hagebutten. Mit jeder leeren Tüte wächst die Vorfreude, und es ist eine wunderbare Gelegenheit, den Garten vor dem Winter noch einmal richtig zu genießen.

Jedoch: So läuft es selten. Normalerweise setzt allzu bald der Regen kräftig wieder ein, begleitet von militanten Sturmtiefs und einigen strategisch wirkungsvoll platzierten frühen Frösten, und die Tage werden kürzer und kürzer. Dann krächzen über mir höchstens noch die Krähen in Nachbars verstümmelten Tannen, dann muss die Kapuzinerkresse sofort vom Spalier, ehe sie als grüner Glibber an der weißen Hauswand herabläuft. Die Stachelbeer-Hochstämmchen, die ich aus Platzmangel im Kübel ziehe, sollten schleunigst eingeschlagen werden, bevor die Töpfe platzen, die Goldfische wollen ins Haus, die Lilientöpfe in den trockenen Schuppen, die Hecke ist auch schon wieder hoch und struppig, würde unter nassem Schnee auseinanderfallen, gehört also hastig noch mal geschnitten ... und so weiter.

Die Adventszeit beginnt, ich hocke immer noch in der Botanik und frage mich verzweifelt, was zum Teufel ich im Sommer bloß mit 900 winzigen Elfenkrokussen wollte, die meist einzeln und oft mit den Fingern gesteckt werden müssen, weil ich sonst in der Enge zu viel anderes beschädigen würde. Diese Anwandlung von gärtnerischem Selbsthass artet gern in einen zornigen Monolog aus, so etwa: Spinnst du eigentlich, Alte?! Letztes Jahr haben die Schnecken sogar schon die Schneeglöckchen angefressen! Die meisten Krokusse sind über Winter verschimmelt, genau wie die Tulpen. Tulpen wolltest du doch sowieso nie mehr pflanzen, weil sie die Dauernässe nicht aushalten. Und jetzt sind es schon wieder Unmengen! Wenigstens die Narzissen stehen jedes Mal prächtig, jedenfalls, bis ihnen die Schnecken die Blüten abfressen. Anschließend machen sie sich regelmäßig über die Lilien her ...

An diesem Punkt, die Finger klamm, den Rücken krumm und die Große Wegschnecke schaudernd im Sinn, fange ich unweigerlich an, alles Elend des Gartenjahres zu rekapitulieren und gefährlich nahe an die entscheidende Frage zu kommen: Wozu das alles? Nach so einem Jahr? Orkanböen zur Rosenzeit! Zwölf Grad plus Sturm plus Starkregen pünktlich zum Siebenschläfer! Dieser schauderhafte Morgen, an dem es den dicken Pfosten samt Ramblerrosen umwehte, genau einen Tag, nachdem 'Goldfinch' die ersten Blüten geöffnet hatte. Es ließ sich zwar alles wieder aufrichten, aber zu einem Preis, bei dem mir gleich ein zweites Mal die Tränen kamen. Die Rosenblüte ist ebenso verregnet wie die schimmernden weißen Trompeten der Königslilien, und statt an warmen Abenden entspannt die Tomaten zu gießen, verstreute ich zwischen Schauern hektisch Schneckenkorn. Julimorgen, kälter als im Januar ... Seit Heinrich Heine den norddeutschen Sommer einen »grün angestrichenen Winter« genannt hat, hat sich nichts geändert. Ist es das alles wert, alle Jahre wieder? So viel Mühe für so viel Frust? Zu einem Preis, zu dem man vermutlich auf die Malediven fliegen könnte?

Höchste Zeit, fertig zu werden, an den Kaminofen zu kommen und nur noch von innen zuzusehen, wie die Regenböen eine bedauernswerte Amsel über den Hof peitschen. Mit der Wärme kommen dann andere Erinnerungen: an die winzigen pflaumenblauen *Iris reticulata* 'Pauline' etwa, die aussehen wie in den Winter verflogene Schmetterlinge. Die sprühend amethystfarbenen Sterne des Zierlauchs. Den Duft nasser Rosenblüten. Die erste Stockrose, die aufging, als ich trostlos in den Hinterlassenschaften eines Nordmeertiefs herumwatete: ein hauchzartes, durchscheinendes Aprikosenfarben mit zitronengelbem Schlund. Die drolligen Frösche, die unsere Sommer als einzige uneingeschränkt genießen können. Langsam kehrt das Prinzip Hoffnung zurück: Das nächste Gartenjahr wird sicher vollkommen, nach soviel Mistwetter in Folge kann es einfach nicht anders sein! Dann finde ich auch meine Winterlektüre wieder verlockend, jene Prachtbände, in denen Gärten immer aussehen, als gäbe es weder Sternrußtau noch Nacktschnecken, dafür aber unbegrenzt Zeit, Geld und Personal. Und selbstverständlich leuchtet mir nun, eine solide Scheibe zwischen mir und dem Schmuddelwetter und heißen Tee in Griffweite, auch völlig ein, was ich so oft gelesen habe: wie sehr Gärtnern doch den Charakter bilde, wie sehr – mit der richtigen Einstellung natürlich – schon profane Buddeleien der Weisheit näher bringen könnten. Das, denke ich, behaglich dösend, Kümmel auf dem Schoß und das Buddeln eines Gartenjahres endlich hinter mir, würde mir selbstverständlich überhaupt nichts schaden. Also: Auf ein Neues! Und so betrachtet ist es eigentlich unerlässlich, auch im nächsten Jahr auf dem Wege zur Weisheit wieder viel zu viele Blumenzwiebeln zu bestellen!

Bildnachweis:

Ursel Borstell: 2
Manfred Pforr: 19, 23, 27, 33, 41, 59, 65, 69, 77, 105, 109, 119
Hans Reinhard: 7, 11, 37, 45, 51, 55, 73, 85, 89, 93, 97, 114
Sebastian Seidl: 101
Jan Peter Wiborg: 81

Umschlagfoto: Ursel Borstell

Vordere Umschlagklappe: Sabrina Puttkammer

Bibliografische Information
Der Deutschen Bibliothek

Die Deutsche Bibliothek verzeichnet diese
Publikation in der Deutschen Nationalbiografie;
detaillierte bibliografische Daten sind im Internet
über http.//dnb.ddb.de abrufbar

BLV Verlagsgesellschaft mbH
München Wien Zürich
80797 München

© 2003 BLV Verlagsgesellschaft mbH, München

Das Werk einschließlich aller seiner Teile ist urheberrechtlich geschützt. Jede
Verwertung außerhalb der engen Grenzen des Urheberrechtsgesetzes ist ohne
Zustimmung des Verlags unzulässig und strafbar. Das gilt insbesondere für Ver-
vielfältigungen, Übersetzungen, Mikroverfilmungen und die Einspeicherung und
Verarbeitung in elektronischen Systemen.

Umschlaggestaltung: Anja Masuch, Puchheim bei München

Lektorat: Dr. Thomas Hagen

Herstellung: Hermann Maxant

Reproduktionen: Repro Ludwig, Zell a. See

Gedruckt auf chlorfrei gebleichtem Papier

Printed in Germany · ISBN 3-405-16643-8

Know-how für Garten

Tobias Gold / Martina Bäumler
Lazy – So leicht kann Gärtnern sein
Genießen statt schwitzen – schöne Gärten mit wenig Aufwand: einfache Gestaltungsideen auch für Anfänger, pflegeleichte Pflanzen, die wichtigsten Gartenarbeiten Schritt für Schritt, Feste feiern im Garten.

Christiane Widmayr /
Anneliese Kompatscher
Kinder und Gärten
Gartenspaß für Kinder: die besten Ideen zum Spielen, Bauen, Austoben, Entdecken, Feiern, Basteln, Kochen; Baumhäuser und andere Unterschlupfe, Sandplätze, Wasserrutschen, Schaukeln usw.; Tiere beobachten, Basteleien rund ums Jahr, Pflanzen und Ernten – mit Rezepten.

Helga Urban / Thomas Hagen
**Garten easy –
Ganz ohne Erfahrung
zum prächtigen Grün**
Für Einsteiger ohne Vorkenntnisse: schöne Gärten easy anlegen und gestalten; Gartenpraxis für Anfänger: Pflanzen, Pflegen, Schneiden, Pflanzenschutz u.v.m.; die besten Einsteiger-Pflanzen mit Verwendungs- und Pflegetipps.

gestaltung und Praxis

Marie-Luise Kreuter
Der Biogarten
Seit 20 Jahren das Standardwerk:
die Jubiläumsausgabe – komplett
aktualisiert, jetzt mit Arbeitskalender
und Beilage »Pflanzenschutz-Kompass« zum schnellen Bestimmen
und Abwehren von Schädlingen
und Krankheiten.

Inga-Maria Richberg
**Altes Gärtnerwissen
wieder entdeckt**
Naturgemäß und erfolgreich gärtnern mit dem Erfahrungsschatz
vergangener Zeiten: mit einfachen
Hilfsmitteln alltägliche Gartenprobleme lösen; Kenntnisse und
Erfahrungen, mit denen bereits
unsere Vorfahren erfolgreich gärtnerten – überprüft im Hinblick
auf den heutigen Wissensstand.

Rosa Wolf / Fotos: Ursel Borstell
**Gartenpflanzen
Praxis-Handbuch**
Ein Muss für jeden Gärtner – das
Handbuch mit Langzeitnutzen: über
450 Blumen und Gehölze in ausführlichen Porträts, Kombinations- und
Gestaltungsbeispiele mit Pflanzplänen.

Im BLV Verlag finden Sie Bücher zu den Themen:

Garten und Zimmerpflanzen • Natur • Heimtiere • Jagd
und Angeln • Pferde und Reiten • Sport und Fitness •
Wandern und Alpinismus • Essen und Trinken

Ausführliche Informationen erhalten Sie bei:

 **BLV Verlagsgesellschaft mbH
Postfach 400320 • 80703 München
Telefon 089 / 12705-0
Telefax 089 / 12705-543
http://www.blv.de**

€ 14,95/7,95